小林正幸・奥野誠一 編著
Masayuki Kobayashi & Seiichi Okuno

ソーシャルスキルの視点から見た学校カウンセリング

School Counseling
and Social Skills

ナカニシヤ出版

はじめに

　本書は，学校カウンセリングの中で，子どもに向けたソーシャルスキルトレーニングがどのように生かされるのかについて，わが国の最近の研究や実践を精緻に収集し，今後の研究・実践に役立てることを願って編さんされたものである。本書はこれを究めたい専門家向けであり，レビュー論文集と言える。編者が志したのは，「子どものSST研究のバイブル」だったのである。「その研究をしたいのなら，本書の該当する章を読むように」とさえ，言いたいのである。

　第1部では，学校カウンセリングとソーシャルスキルの概念と，互いの関連について整理した。

　第2部では，ソーシャルスキルに関わるアセスメントについて取り上げている。特定の検査器具の単純な紹介ではなく，「何のために，何を，どのように使うのか」が描かれている。

　第3部は，さまざまな学校教育の中で見られる問題を問題別に取り上げる形になっている。ここが全体の3分の2を占める。「発達障害」「感情コントロールの問題」「トラウマ」「不登校」「いじめ」など，学校カウンセリングが扱う主要課題が扱われている。当然，虐待や非行の問題も，この中に含み込まれる。中でも，第3部の「ソーシャルスキル教育」の章は，一番手厚い。過去の研究を概観し，批判的に検討している節もある。

　思い返せば，学校教育，しかも，通常学級の中で行う教育活動の中で，社会性を育むために，「ソーシャルスキル教育」と銘打って，ソーシャルスキルトレーニングの教育版を提唱したのは，20世紀の終わりだった。それから，10年と少し，さまざまな場で実践が行われてきた。教師が「社会的スキル」や「ソーシャルスキル」の言葉を，日常的な会話の中で用いることも増えている。子どもの育ちで苦労している保護者や苦戦しているお子さんには，本当にありがたい話である。

　学校領域，とくに，学校カウンセリング領域の中で，今後も実践は積み上げられていくだろう。いずれは学習指導要領の中にも位置づいていくようになる

のかも知れない。すでに，キャリア教育では，「人間関係形成力」の言葉が躍り，学習指導要領の中では，「思考力」「判断力」「表現力」との言葉も見られる。教育の世界は，ソーシャルスキルの概念と，その教授方法を求めている時代なのである。

「ソーシャルスキル」の考え方では，「社会性」のように，本人の性質とは考えない。「ソーシャルスキル」は，その学びの部分に着眼し，その学びのメカニズムの科学的な理論を持っている。その点では，学ばせる場である教育の世界の価値に合致し，さまざまな適応問題の未然防止や，将来にわたって生活の質を高めることを目指す。その点では，教育基本法の精神とも合致する。今後の広がり，それぞれのエリアでの深まりが期待される。

この発展を前にして，今，学校カウンセリングの文脈で「ソーシャルスキルトレーニングを用いて何ができ，何ができないのか」，そして，「どこまでわかっていて，何がわかっていないのか」を整理しておくことは，歴史的価値があるだろう。

最後に，誠に残念なことに，本書の最終校正段階の3月11日，不幸なことに東日本大震災が発生した。その直後から編者とその仲間たちは，震災で心の傷を受けた子どもの問題を先々で予防するための教師の後方支援に邁進している。この中でも，先々のトラウマ的な問題の予防のために，また，復興段階で，ソーシャルスキルトレーニングやソーシャルスキル教育は必要不可欠になると確信している。本書の原稿は，今，東北の教師方々の後方支援のためのバイブルのようにもなっているのである。

平成23年6月吉日
震災支援のために北上する東北新幹線車中にて
小林正幸

目　次

はじめに　*i*

第1部　学校カウンセリングとソーシャルスキル

第1章　学校カウンセリングとは ──────────── 3
1　「学校カウンセリング」の定義と類似概念　3
2　学校カウンセリングを支える諸科学　6
3　ソーシャルスキルトレーニングの発展と学校カウンセリング　7

第2章　ソーシャルスキルから見た学校カウンセリング ──── 11
1　ソーシャルスキルの視点から見た学校不適応　11
2　認知的スキルおよび感情コントロールスキルの役割　14

第3章　学校カウンセリングから見たソーシャルスキル ─── 19
1　学校教育の視点から見たソーシャルスキル　19
2　予防としてのソーシャルスキル教育　20
3　早期発見・早期対応としてのソーシャルスキルの改善　22
4　専門家が行う支援としてのソーシャルスキルの改善　23

コラム　教師の意識でソーシャルスキル教育は変わる！？　26

第2部　学校カウンセリングにおける総合的アセスメント

第4章　個別支援のための総合的なアセスメント ──────── 31
1　総合的なアセスメントとは　31
2　総合的なアセスメントとソーシャルスキルとの関連　35
3　ソーシャルスキルのアセスメント　37

第5章　発達障害のアセスメント ―――――――――――――――――39
1　学校カウンセリングにおける発達障害理解の重要性　39
2　学校で行われる発達障害のアセスメント　40
3　アセスメントバッテリーの組み方　47

コラム　アセスメント　52

第3部　主要な問題への適用

第6章　ソーシャルスキル教育 ――――――――――――――――――57
1　ソーシャルスキル教育　57
2　ソーシャルスキル教育研究の課題　68
3　実践紹介　77

第7章　発達障害 ――――――――――――――――――――――――83
1　発達障害の子どもの困難　83
2　障害特性に応じたSSE　90
3　発達障害のソーシャルスキルのアセスメント　91
4　【実践紹介】空気が読めないAさん　92

第8章　感情コントロールの困難 ――――――――――――――――97
1　感情コントロール不全の実際　97
2　感情のコントロールとソーシャルスキル　97
3　攻撃性とソーシャルスキル　99
4　攻撃性の低減を目指したスキル教育　105
5　【実践紹介】感情コントロールに問題を持つ小学生への援助　107

第9章　トラウマとソーシャルスキル ――――――――――――――113
1　トラウマの影響とソーシャルスキル　113
2　トラウマのアセスメント　118
3　トラウマからの回復とソーシャルスキル　120
4　【実践紹介】いじめ被害経験によりPTSD症状を示した小学生への援助　124

第10章　不登校 —————————————————— 129

1　不登校の実態　129
2　不登校問題とソーシャルスキルの関連　130
3　不登校の維持・悪化段階とソーシャルスキル　132
4　不登校支援に必要なアセスメント―ソーシャルスキルを中心に―　134
5　コーピングスキルの視点による不登校未然防止と再登校援助の効果　138
6　不登校の予後とソーシャルスキルとの関連について　138
7　【実践紹介】友人関係がうまくいかずに不登校になった小学生への援助　139

第11章　いじめ —————————————————— 145

1　いじめとは　145
2　学級の中のいじめ問題　147
3　いじめ問題とソーシャルスキルとの関連　150
4　いじめ問題とソーシャルスキル教育　154
5　【実践紹介】グループ内でのいじめを受けた中学生へのSST　156

コラム　感情の適切な扱い方　161

事項索引　163
人名索引　167

第 1 部

学校カウンセリングとソーシャルスキル

第1章

学校カウンセリングとは

小林正幸

1 「学校カウンセリング」の定義と類似概念

1 学校カウンセリングとは

「カウンセリング」とは,「援助活動 (helping activities)」のことである (國分, 2008)。それは, 何らかの課題を抱えた個人や集団を援助するに留まらない。問題の早期発見, 早期援助 (「二次的援助」と呼ぶ) や, 課題を抱える前に手を打つ問題の未然防止 (「一次的援助」と呼ぶ) も含むのである。

学校カウンセリングも同様である。「学校の中での相談活動だ」と狭く思われがちだが, 本書では「学校カウンセリング」を, それよりも広い概念で捉えている。その定義は, 以下のとおりである (小林, 1998 ; 小林・橋本・松尾, 2007 ; 国立大学教育実践研究関連センター協議会教育臨床部会, 2007)。

> **学校カウンセリング**:学校教育の中で, カウンセリングに関する最新の諸科学の理論や方法論を活用することを通して, 学校内の教育活動を援助し, より円滑に進めること。

2 類似概念との異同

「学校カウンセリング」には, 類似の言葉がある。「教育カウンセリング」「教育相談」「学校教育相談」「スクールカウンセリング」「学生相談」などである。それらとの違いを, ここで整理しておきたい。

(1) 教育相談

教育相談は，教育相談室や児童相談所，矯正施設，福祉施設などの教育年齢の子どもに対する専門相談機関活動を含むが，広義では，次に述べる「教育カウンセリング」とほぼ同じ意味・内容になる。

> **教育相談**：学校や教育関係諸機関で，教育上の諸問題を扱う場合に使われる。この場合，扱う対象は，幼児・児童・生徒・学生であり，その内容は，教育上の諸問題の解消である。最近では，学校や教育相談関連機関で行われている相談や指導に限定されて使用される。

(2) 教育カウンセリング

「教育相談」よりは，予防的・開発的カウンセリングが強調されるが，対象，内容ともに教育相談との大きな違いはない。本書の「学校カウンセリング」は，領域として，学校の中に限定されるが，「教育カウンセリング」の中核に「学校カウンセリング」が位置づけられると考えられる。

> **教育カウンセリング**：教育領域における教育活動を援助することであり，学校教育のみならず，学齢期の子どもを中心に，幼児から大学生年齢までに，広く教育領域で行われている教育活動に，カウンセリングの理論や技法を，さまざまな形で活用していこうとするものである。

(3) 学校教育相談

「学校教育相談」は，「学校カウンセリング」の中核に位置づけられる。次に述べる「スクールカウンセリング」が導入される前は，各都道府県教育委員会が，学校の生徒指導を円滑に機能させるために，教員対象の研修を同じ名称で行っていた。このことで，カウンセリングの基礎知識と技量をもった教師が養成された。学校内には，教育相談係や教育相談部などの校務分掌が設けられているのが普通となっている。彼らが，学校の中での相談活動の中核を担っていると言えるのである。

> **学校教育相談**：学校で教職員を中心に行われる相談活動に限定した言葉である。活動の主体が教員にあること，そのため教育活動との関連性を強く意識することに特徴がある。

（4）スクールカウンセリング

1995年に，文部科学省（当時の文部省）の後援により，各都道府県で中学校を中心にスクールカウンセラー制度が導入された。これを「スクールカウンセリング」と呼ぶ。

スクールカウンセリング：臨床心理士などの心理学の専門家が，学校内でカウンセリングなどの専門的な活動を行うことである。活動の場は，学校にあり，活動の主体は臨床心理士などの心理学の専門家である。

（5）学生相談

大学の教員と学生間や学生同士で起きるセクシャル・ハラスメントやパワー・ハラスメントなど，学生の人権を守る視点からの人権相談活動なども，この中に含まれている。扱う対象は，大学生や専門学校生など高等教育機関の学生が対象である。

学生相談：主として大学などの高等教育がシステムとして提供している，学生に対するカウンセリングやガイダンス活動である。

以上を図で示すと，図1-1のようになる。なお，「教育相談」は，「教育カウンセリング」ときわめて類似していること，また，「学生相談」は高等教育に限定されることから，この図では示していない。

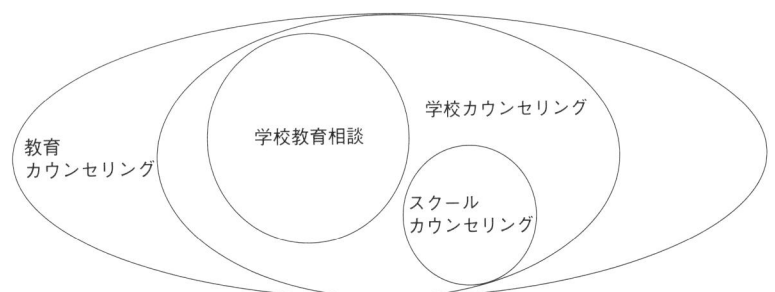

図1-1　「学校カウンセリング」の類似概念構成図

2 学校カウンセリングを支える諸科学

1 カウンセリング心理学

　「カウンセリング」を支える科学は,「カウンセリング心理学」である。それゆえに,「学校カウンセリング」を理論的に支える諸科学の中心は,「カウンセリング心理学」になる。

　カウンセリング心理学は, カウンセリングの援助活動を支える研究, および知識体系のことである。カウンセリングには4つの構成要素（リレーション, アセスメント, ストラテジー, インターベンション）がある（表1-1）。

　カウンセリング心理学は, その4つの構成要素に対して, 4つの観点（事実の発見, 事実の説明, 行動変容, 概念化や理論化）から, カウンセリングの活動を理論的に支える心理学である（國分, 2008）。

　カウンセリング心理学のルーツは, 職業カウンセリング・ガイダンス運動にある。それだけに, 発達課題に焦点が当てられる。研究の志向性としては,「予防・開発志向」「個体間志向」「グループ志向」に特徴が見出される。

表1-1　カウンセリング活動の4つの構成要素

リレーション	個体間, 集団内, 個と集団間に「思考, 感情, 行動, 情報」の共有がなされている状態
アセスメント	対象（クライエント）の心理面, 社会面, 教育面, 身体面などがどのような状態にあるのかを把握すること
ストラテジー	状況にどのように対応するのかの計画を立てること
インターベンション	目標達成の役に立つ援助側の対応

2 学校心理学

　第二に,「学校カウンセリング」を支える主要な理論として,「学校心理学」があげられる。「学校心理学」は,「学校教育において一人ひとりの子どもが学習面, 心理・社会面, 進路面, 健康面における課題への取組の過程で出会う問題状況の解決を援助し, 子どもが成長することを促進する教育活動」のことである（石隈, 1999）。学校心理学の特徴は, 学校教育にかかわる問題に援助の焦点を当てていること, 心理学と学校教育との融合を目指す点にある。

学校心理学もカウンセリング心理学も,「援助者の活動を,より効果的に,意味あるものにするための枠組み（石隈, 2008）」である点では同じである。しかし,学校心理学の特徴としては,すべての子どもを対象とするので,特別な教育ニーズのある子どもへの特別支援教育に力点を置くこと,専門家,非専門家を含めチームによる支援を強調すること,学習面を含む学校生活全体を視野に入れることがあげられる。

以上の他,関連分野としては,心理学関連では臨床心理学,教育心理学,発達心理学などがある。さらに,学校がフィールドであるがゆえに,教育学とも関連が深いことは言うまでもない。

3　ソーシャルスキルトレーニングの発展と学校カウンセリング

ソーシャルスキル（social skills）の定義は,2章に示すとおりだが,その理論的な支えは,バンデューラの「モデリング学習理論」である（Bandura, 1971）。それは,社会性の中に「学習」によって習得される部分があることを示し,その学習メカニズムを明らかにしたものであった。

モデリング学習のメカニズムは,「獲得過程」と「遂行過程」に分かれる。人は,モデルや情報に注意を払うだけで,社会的な行動を習得する（「獲得過程」）。そして,その学習したものを実行に移す「遂行過程」で,どのようなフィードバックを受けるかによって,遂行の度合いが異なってくるとするものである。

モデリング学習理論以前に,行動療法の中に「アサーショントレーニング（assertion training）」と呼ばれるものがあった。これは,対人不安を下げるための心理療法として,当時,すでに開発されていた。モデリング学習理論の考え方が広がり,アサーショントレーニングの手法が,適切な社会的な行動を学習させるための社会性の問題へのアプローチとして応用されるようになった。これが「ソーシャルスキルトレーニング（social skills training）」であり,その後,広く発展していった。海外では,1970年代から,精神科医療での精神障害者の社会復帰訓練,矯正,非行領域での暴力防止プログラムなどの形で,ソーシャルスキルトレーニングが広がっていったのである（小林, 2005）。

教育領域で活用が盛んになったのは,海外でも1980年代のことである。わ

が国での教育領域の活用は，特別支援教育の方が少し早く，1990年の初期のことである。通常学級での適用も始まったが，最初は，通常学級の中にいる社会性に問題を抱える子どもへのアプローチが主であった（第3章で詳述する）。

この頃，いじめ問題や不登校の増加など，しだいに，子どもたち全般の社会性の問題が教育問題として注目されるようになった。授業を通して，学校でソーシャルスキルを向上させる試みが始まったのは，1990年代に入ってからのことであった。そして，学級で授業の中で行う「ソーシャルスキル教育」が提唱されたのは，20世紀末のことである。

以上のように，もともと「ソーシャルスキル」の考え方は，人づきあいのうえで課題を抱える者への治療や指導プログラムとして開発された。それだけに，当初は臨床心理学的色彩が強く，カウンセリング心理学で言えば，個人を対象とした「インターベンション」の1つとしての位置づけが主であった。しかし，通常学級で社会性の問題を抱え，苦戦している子どもを早期の段階で支援すること（二次的援助）で，通常学級でも用いられるようになった。そして，21世紀に入り，教室のすべての子どもを対象とした「ソーシャルスキル教育」へと発展してきている。ここでは，ソーシャルスキル教育によって，個々の社会性を向上させ，学級経営を円滑にし，学級の雰囲気を向上させ，子どもの集団適応を促進し，心理的な問題を未然に防止することが期待されているのである（一次的援助）。

文　献

Bandura, A. (1971). *Psychological modeling: Conflicting theories.* New York：Aldine Atherton.（バンデュラ，A.［編］／原野広太郎・福島脩美［訳］(1974). モデリングの心理学　金子書房）

石隈利紀（1999）．学校心理学――教師・スクールカウンセラー・保護者のチームによる心理教育的援助サービス　誠信書房

石隈利紀（2008）．学校心理学との異同・関係　カウンセリング心理学事典　誠信書房

小林正幸（2005）．先生のためのやさしいソーシャルスキル教育　ほんの森出版

小林正幸［編著］（1998）．実践入門教育カウンセリング　川島書店

小林正幸・相川　充（1999）．ソーシャルスキル教育で子どもが変わる　図書文化社

小林正幸・橋本創一・松尾直樹（2007）．学校カウンセリング　有斐閣

國分康孝（2008）．カウンセリング心理学事典　誠信書房
国立大学教育実践研究関連センター協議会教育臨床部会　代表中野明徳・小野昌彦［編著］（2007）．新しい実践を創造する　学校カウンセリング入門　東洋館

第2章

ソーシャルスキルから見た学校カウンセリング

奥野誠一

1　ソーシャルスキルの視点から見た学校不適応

1　ソーシャルスキルとは

　ソーシャルスキルとは，良好な人間関係を結び，保つための感情のもち方および認知や行動の具体的な技術やコツのことである（小林, 2007）。相川（2009）は，個人がソーシャルスキルを遂行する場面における一連のプロセスとして捉えている。それによれば対人場面で，①状況や相手の行動を解釈（相手の反応の解読）し，②その状況で何を求めるかを決定（対人目標の決定）し，③どう行動したら良いかを決定（目標達成のための反応の決定）し，④感情をコントロール（感情の統制）し，⑤実行する（対人反応の実行），に至るまでの認知過程および実行過程全体のことである（相川, 2009）。「相手の反応の解読」「対人目標の決定」「対人反応の決定」は認知面，「感情の統制」は感情面，「対人反応の実行」は行動面に相当する。

　ソーシャルスキルは学習によって獲得可能であり，問題行動は，この過程のどこかでスキルの学習ができなかった（未学習）か，不適切な学習（誤学習）をしたことによって生じると考えられる。したがって，適切なスキルを新しく学び直せば問題の改善を図ることができるという発想に立つ。

2　ソーシャルスキルの不足と学校不適応

　学校は集団生活の場であり，人間関係は大きなストレス因（ストレッサー）

となる。そのため，ソーシャルスキルが不足すると，人間関係を結ぶうえでさまざまな問題を生じさせる。その結果，周囲から受け入れられにくくなる。さらには，将来の適応にもさまざまな悪影響を及ぼすことが明らかにされている。

佐藤ら（1988）は，引っ込み思案の子どもと攻撃的な子どもは周囲から拒否されやすいことを明らかにしている。また，引っ込み思案と攻撃行動の両方を併せもつ場合には集団不適応のリスクはより大きくなることも示唆されている。これらの2タイプのソーシャルスキルの特徴を明らかにする研究が多くなされている。

引っ込み思案などの非社会的行動の問題は，対人場面での過度の不安や緊張と，ソーシャルスキルの獲得と遂行の機会の不足の問題であると考えられる。また，攻撃行動など反社会的行動の問題は，要求を満たすための表現スキルの獲得と遂行の誤学習の問題であると考えられる。さらに，攻撃行動の問題をもつ子どものなかでも，周囲から拒否されやすい行動の中核には感情コントロールの難しさがある（佐藤・金山, 2001）。

3　学校での適応に必要なソーシャルスキル

佐藤（1996）は子どもを対象としたSST（Social Skills Training）でターゲットとされてきたスキルを，「主張性スキル」「社会的問題解決スキル」「友情形成スキル」の3つに大別している。これらの3つのスキルは，集団SSTでも同様にターゲットとなりうる（佐藤, 2006）。子どもの集団SSTでとりあげる基本的なスキルは，小学生では4種類12スキル（相川, 1999；小林, 2005），中学生では4種類14スキルがある（相川, 2006）。これらの分類を参考に，奥野（2007a）は，「基本的かかわりスキル」「仲間関係維持・発展スキル」「共感スキル」「主張行動スキル」「問題解決スキル」の5つに分類した。さらに，感情をコントロールできないと，適切なスキルを獲得できなかったり，スキルを獲得していても感情に支配されて適切にふるまえない（Gresham, 1986）。したがって，感情コントロールスキルはこれらのスキルを運用するための基礎となる。これらの視点を併せて整理したものが表2-1である。

年齢段階や現状を考慮しながらその個人あるいは集団にふさわしいスキルを身につけさせることを目指す。

表 2-1　学校生活で必要な基本的スキル（奥野（2007a）より作成）

	スキルの種類	スキルの内容	スキルの特徴
ⅰ）	感情コントロールスキル	気持ちをコントロールする	他のスキルを適切に学習したり，遂行する際に必要になる
ⅱ）	基本的かかわりスキル	挨拶，自己紹介，話のきき方	人間関係の開始から維持・発展まで，人間関係全般にかかわる
ⅲ）	仲間関係維持・発展スキル	質問の仕方，仲間の誘い方，仲間への入り方	人間関係を維持したり，新たな人間関係をつくりだしていく
ⅳ）	共感スキル	ほめる，励ます，相手の立場に立って考える	他者との親密な人間関係を形成・維持する
ⅴ）	主張行動スキル	頼み方，断り方，謝り方	周囲との調和を取りながら，自分の権利を確保する
ⅵ）	問題解決スキル	解決策の考え方	さまざまなトラブルを処理する

4　ソーシャルスキルの獲得過程と学校環境

　SST や SSE（Social Skills Education）では，「インストラクション（スキルについて説明すること）」「モデリング（他の人の行動を見て覚えること）」「リハーサル（イメージや行動で反復練習すること）」「フィードバック（行動に対して評価を与えること）」の手続きがとられている。この方法はコーチング法と呼ばれ，体系的な SST や SSE では，わが国で主流となっている方法である（佐藤ら，2000）。

　このように，ソーシャルスキルの学習原理は，「言語的教示（口で言われる）」「モデリング」「リハーサル」「オペラント条件づけ（行動をした甲斐（強化子）があったかどうか）」の4つである（King & Kirschenbaum, 1992）。この原理を把握しておけば，体系的なプログラムを実施できないような場合でも，個別の機会を利用してソーシャルスキルを教えることが可能である。多賀谷・佐々木（2005, 2008）は，教室場面で標的となる行動が生起したときに強化子を与え，他の子どもにもフィードバックするといった形で訓練を開始する「機会利用型SST」を行い，一定の効果を確認している。

　ソーシャルスキルの学習過程から見ると，学校あるいは学級集団は，1人ひとりがフィードバックの受け手になり，与え手にもなる。集団の中に多くのモデルと肯定的な強化の機会を生み出すことができる。集団を対象にすると，モ

デルを見る機会や強化を受ける機会を増やすことができるため,子どもが効果的にソーシャルスキルを学習する環境を提供できるだろう。人間関係はストレッサーであると同時に,ストレスを低減する支え(ソーシャルサポート)にもなるのである。

2　認知的スキルおよび感情コントロールスキルの役割

　先述のように,ソーシャルスキルを実行するには,「相手の反応の解読」「対人目標の決定」「対人反応の決定」といった認知的スキルが必要になる。そして,適切にスキルを実行するためには感情をコントロールする必要がある。発達障害の子どもを対象としたSSTでは,丁寧に認知的スキル,感情コントロールを扱っている。たとえば,小貫(2004)は,発達障害の子どものソーシャルスキルを5領域17スキルに分類している。その中には,状況理解スキル,表情認知スキル,身体感覚スキル,感情理解スキル,自己や他者の認知スキルなどがある。発達障害でなくても,これらのスキルが低いためにスキルを適切に実行できない子どもには参考になるであろう。

1　認知的スキルの役割
(1)「相手の反応の解読」スキル
　状況に応じて,スキルを適切に実行するには,そのときの状況や相手の意図を正確に読み取る必要がある。認知機能に偏りがある場合など,状況認知や相手の意図を読み誤りやすくなる。その結果,その状況で用いるスキルの選択を誤ることになる。状況理解や表情認知スキルはこの面に働きかけていると言えよう。

　また,過去に人間関係上で,否定的な体験や被害体験など,深く傷つく経験がある場合,状況や相手の意図を被害的に解釈するようになる。たとえば,偶然,誰かと肩と肩がぶつかった際などに攻撃されたと受け取りやすくなる。状況を被害的に認知すると,瞬間的に不快な感情に支配されることになる。このような場合には,状況や意図を読み取るスキルを高めることや感情を一時的に収められるための援助を行うほうが良いであろう。

(2)「対人目標の決定」と「対人反応の決定」スキル

　ラッドら（Ladd & Mize, 1983）は，適切な社会的行動の知識について，「社会的相互作用の適切な目標についての知識」「目的に到達するための方略についての知識」「社会的な文脈についての知識」に分類している。これらの知識が欠如すると，不適切な目標を立てたり，目標が適切であっても達成するための手段がわからなかったりする。反社会的な子どもの場合には要求を通すために攻撃（道具的攻撃）を用いたり，非社会的な子どもの中には対人場面を回避することを目標としたりする。結果的に，状況や相手の意図を正確に読み取ったとしても，最終的にその状況での実行スキルを誤ることになる。このように，対人目標決定と対人反応決定スキルでは，人間関係やソーシャルスキルに関する知識の影響を受ける。

2　感情コントロールスキルの役割

　適切なスキルを身につけていても，思考・判断ができる程度まで感情をコントロールできないと，適切なスキルを実行することができなくなる。グレシャム（Gresham, 1986）は，「自己コントロールの遂行の欠如」の問題として，不安，恐怖，衝動性といった感情を適切にコントロールできない場合には，ソーシャルスキルをうまく遂行できないことをあげている。感情コントロールの問題を中核とする場合には，まずは感情コントロールスキルへの丁寧なアプローチをする必要がある。

　カウンセリングでは，カウンセラーはクライエントの感情に焦点を当てた応答をし，感情の言語化を促す。感情の言語化は，混乱した感情を客観的に眺めて整理するうえで重要である。感情コントロールに問題をもつ子どもの場合は，それまでに不快な感情をじっくりと受け止められていないことが多い。そのため，日常的な生活場面においても，子どもの不快な感情を抑え込むのではなく，受け止めたうえで，言語化を手伝うことが感情コントロールスキルを身につけさせる際に重要となる（奥野，2007b；小林，2007）。

　不安・恐怖を強く抱えている子どもも感情コントロールの問題をもつことが多い。それぞれの特性は異なるものの，適切に実行スキルを発揮できるようにするためには，感情コントロールスキルの援助は欠かせないものであろう。

本章では，ソーシャルスキルの視点から学校カウンセリング上の不適応の問題について整理した。誤ったスキルを学習しやすい環境に置かれれば，誤ったスキルを学習する。誤ったスキルを遂行したときに，強化を与えられる環境であれば，そのスキルが定着する。そのため適切なスキルを学習し，遂行に強化を与えられる学校環境であれば，子どもの人間関係上の問題の予防や解決に寄与するところは大きいと考えられる。

文　　献

相川　充（1999）．ソーシャルスキル教育とは何か　小林正幸・相川　充［編］ソーシャルスキル教育で子どもが変わる　小学校―楽しく身につく学級生活の基礎・基本　図書文化　pp.11-30.

相川　充（2006）．ソーシャルスキル教育の14の基本スキル　相川　充・佐藤正二［編］実践！ソーシャルスキル教育―中学校　図書文化　pp.44-52.

相川　充（2009）．新版　人づきあいの技術―ソーシャルスキルの心理学　サイエンス社

Gresham, F. M. (1986). Conceptual issues in the assessment as a component of mainstreaming placement decisions. *Exceptional Children*, **49**, 331-336.

King, C. A., & Kirschenbaum, D. S. (1992). *Helping young children develop social skills: The social growth program.* Pacific Grove, CA: Brooks/Cole.（キング, C. A.・キルシェンバウム, D. S.［著］／佐藤正二・前田健一・佐藤容子・相川　充［訳］（1996）．子ども援助の社会的スキル―幼児・低学年児童の対人行動訓練　川島書店）

小林正幸（2005）．先生のためのやさしいソーシャルスキル教育　ほんの森出版

小林正幸（2007）．子どもの対人スキルとは　小林正幸・宮前義和［編］子どもの対人スキルサポートガイド―感情を豊かにするSST　金剛出版　pp.11-15.

小林正幸（2007）．対人スキルの問題に活かす理論　小林正幸・宮前義和［編］子どもの対人スキルサポートガイド―感情を豊かにするSST　金剛出版　pp.33-42.

小貫　悟（2004）．LD・ADHDのSSTの指導領域　小貫　悟・名越斉子・三和　彩［著］　LD・ADHDへのソーシャルスキルトレーニング　日本文化科学社　pp.12-24.

Ladd, G. W., & Mize, A. (1983). A cognitive-social learning model of social-skill training. *Psychological Review*, **90**, 127-157.

奥野誠一（2007a）．対人スキルの問題に活かす心理療法　小林正幸・宮前義和［編］子どもの対人スキルサポートガイド―感情を豊かにするSST　金剛出版　pp.43-52.

奥野誠一（2007b）．子どもの攻撃性と感情表出―キレやすい子どもの理解と対応　心と社会，**127**, 16-20.

佐藤正二（1996）．子どもの社会的スキル訓練　行動科学，**34**(2), 11-22.

佐藤正二・金山元春（2001）．基本的な社会的スキルの習得と問題行動の予防　精神療法，

27, 246-253.
佐藤正二・佐藤容子・岡安孝弘・高山　巌（2000）．子どもの社会的スキル訓練―現況と課題　宮崎大学教育文化学部紀要（教育科学）, **3**, 81-105.
佐藤正二・佐藤容子・高山　巌（1988）．拒否される子どもの社会的スキル　行動療法研究, **13**, 126-133.
佐藤容子（2006）．子どものSSTの実際　佐藤正二・佐藤容子［編］学校におけるSST実践ガイド―子どもの対人スキル指導　金剛出版　pp.41-51.
多賀谷智子・佐々木和義（2005）．軽度発達障害児に対する教室場面での機会利用型SST―オンタスク行動の形成と般化　行動科学, **44**, 7-12.
多賀谷智子・佐々木和義（2008）．小学4年生の学級における機会利用型社会的スキル訓練　教育心理学研究, **56**, 426-439.

第3章

学校カウンセリングから見たソーシャルスキル

小林正幸

1　学校教育の視点から見たソーシャルスキル

　学校教育の重要な目標の1つに,社会生活を送るうえで必要な社会性を育むことがある。ソーシャルスキルは,社会性の中でも教育によって変わりうる部分を指す概念である。それゆえ,学校教育の重要な目標の1つは,子どもにソーシャルスキルを教育することであると言い換えることすらできるだろう。

　学校が集団教育の形をとるのは,学習を効率的に進めるためだけではない。学校教育には,特別活動や道徳の時間があり,学級活動などさまざまな行事が計画的に配置されている。生徒指導はすべての教育場面で行われ,教師は学級経営を教育活動の中で強く意識している。以上のように,学校生活のあらゆる場面で,子どものソーシャルスキルを育成する機会があり,従来の教育活動の中で,子どものソーシャルスキルを学ばせるうえでは十分な機能を果たしてきた。

　しかし,高度経済成長以降,社会の急激な変化は,家庭,社会のあり様を大きく変動させた。社会の中で生きる子どもの生活も大きく変った。ソーシャルスキルの獲得の面では,まず,1970年代の後半に異年齢集団遊びが消えていく。1980年代には,放課後に一緒に遊ぶ子どもの人数も減少するようになっていく。子どもの基礎体力の低下が始まるのもこの頃からだが,このことは,学校生活以外で,仲間同士の関係の中で,さまざまな関係調整のスキルを学習する機会を奪っていくことにもなっていった。この世代が,今の学齢期の子どもの保護

者の世代に相当する。

　家庭や，それをめぐる地域の状況も変化した。個とプライバシーを大事にする文化（privatization）が，社会全体に広がっていき，家庭は地域の中から孤立していく。子どもが挨拶を交わせる顔見知りの大人も減った。子どもが社会とつながるパイプは，ここ40年間に細くなり続けてきた。数多くの大人の喜怒哀楽を身近に見て，大人の人づきあいの様子を見て，それを模倣していくスキル獲得の機会も減少し続けてきた。

　以上のように，子どものソーシャルスキルの学習の視点から言えば，スキル学習の機会を損ない続けてきたのは，学校教育よりも，社会全体の構造の変化によるところが大きいのである。

２　予防としてのソーシャルスキル教育

1　予防理論

　キャプラン（Caplan, 1964）の予防理論によれば，予防には段階がある。第一は，未然防止の段階（「一次的予防」）であり，第二は，早期発見・早期対応の段階（「二次的予防」）である。本書では未然防止の段階を「一次的援助」，早期発見・早期対応を，「二次的援助」と呼ぶことにする。

　未然防止とは，火事の問題で言えば，耐火建築の増設や火災報知機の設置である。病気で言えば，清潔な生活習慣や適度な運動である。次の段階は早期発見，早期対応の段階である。これは火事で言えば，初期消火と避難誘導であり，医療では健康診断がこれにあたる。この予防の段階を経て，最後の段階に，専門家が専門的に対処する段階がある。これは火事で言えば，消防署が担当する部分であり，医療で言えば，医師が必要な段階である。

　本章では，学校カウンセリングの視点から，ソーシャルスキル教育やソーシャルスキルトレーニングを，上記の段階論に従ってまとめていくことにしたい。

2　不登校問題の増加と集団不適応との関連

　さて，前述のように，子どものソーシャルスキルの学習の不足は，社会全般の生活構造の変化の影響によるところが大きい。しかしながら，学校教育が，

子どもをめぐる生活の変化，社会構造の変化に対応しきれなかった部分もある。それが端的に示されるのは，不登校の問題である。不登校とは，子どもが学校教育に合わないという問題であり，それは同時に，学校が子どもに合わないという問題である。中学校の不登校者数は1980年頃から上昇し，小学校の不登校者数も1985年頃から上昇を始めた。そして，1990年代以降になると，その上昇傾向に拍車がかかる。2000年過ぎまでの10年間に，出現率で実に2倍になっている。このことは，学校教育が子どもの現状に合わない教育となっていることの端的な現れであろう（たとえば，早川ら，2009；小林，2002, 2003）。

　また，不登校体験者の全国調査によれば，不登校のきっかけとして一番多かったものは，友人関係のトラブルであり（現代教育研究会，2001），不登校の問題では，集団への適応の問題を端緒とする場合が圧倒的に多い（小林，2001）。

　学校生活は，集団生活を前提としている。先述のように，かつて，学校外で自然に身につけてきたソーシャルスキルを学ぶ機会は，社会構造的に損なわれ続けてきた。その結果，子どもたちは，さまざまな基本的なスキルを未学習のまま，あるいは誤学習したまま学校生活に臨むようになってきた。

3　未然防止としてのソーシャルスキル教育

　このように，現代の子どもにとって，従来の学校教育の手法だけでは，ソーシャルスキルを学ばせるためには不十分となり，子どもにソーシャルスキルを積極的に習得させていく手法が求められるようになってきた。ソーシャルスキルが不十分であれば，集団の中で，発言することや，他者の発言を受け取ることができない。気持ちを伝えあうことに苦労し，辛い状況で他者に援助を求められず，他者の辛さを共感的に理解できず，それゆえに，他者に適切な心理的な援助を与えることなども不十分になってしまう。それゆえ，子どもは，集団の中にいることを苦痛に感じやすくなり，不安や緊張を抱きやすくなった。「集団に入れれば，子どもたちは勝手に遊ぶし，きっと楽しいはずである」との学校教育の基盤となる大前提が，崩壊してきたのである。

　そのなかで，学級単位や学校単位の授業の中で，ソーシャルスキルを教える「ソーシャルスキル教育」が提案され，提唱された（小林・相川，1999）。これは，子どもたちのスキルの不足を補うための手立てであった。それ以前から，研究

者ベースでは，1980年代の後半には実験的な研究が重ねられていたのだが，21世紀に入り，ソーシャルスキル教育は，著者の想像以上のスピードで，各地の教育現場で活用されるようになった（小林，2005）。子どもたちの社会性の育ちに，直感的に危機感をもっていた教師や学校が，これを受け入れ，実践が展開されていったのである。

　ソーシャルスキル教育が対象とするのは，一般の児童・生徒である。集団不適応の孤立や引っ込み思案や，いじめ・いじめられ関係や攻撃行動などを，未然に防止しようとするものである。集団不適応の問題の本質は，個人が集団に合わないという問題であるが，これは，集団が個人に合わないという問題と換言しても，論理的な矛盾はない。集団に合わない個人の支援と同時に，否，それ以上に，集団が個に合わせることが，集団不適応の未然防止では重要なことになる。

　たとえば，孤立や引っ込み思案では，孤立している個人に対して，集団の構成員の側に上手に働きかけ，受け入れていくソーシャルスキルの向上が必要になる。いじめ・いじめられ関係に対しては，集団側がいじめ側に対して，それを抑制するように働きかけるスキルが必要であり，その力を育まねばならない。情動コントロールや発達障害などの課題がある子どもが学級にいた場合でも，その子どもの周囲にいる子どもたちに，そのような子どもへの接し方やかかわり方のスキルを教える。このことも，ここに相当する。

　子どもたち全般のスキルが低下しているがゆえに，課題を抱える子どもがいたときには，その子どもを集団の中に包みこむことができるスキルを，集団の構成員に教える必要がある。そのためにも，学校教育の中で，授業場面を含むあらゆる場面で，ソーシャルスキルの育成を意図した教育活動を行うことが，求められているのである。

3 早期発見・早期対応としてのソーシャルスキルの改善

　予防理論では，二次的援助として，早期発見・早期対応段階での支援があげられる。学校カウンセリングの文脈で言えば，学校内に居ながらも，学校不適応や集団不適応を起こしている段階である。

子どもが示す心理的な課題に対して，それを早く見出し，問題が深刻になる前に対応していく際にも，ソーシャルスキルトレーニングの手法は有効であろう。たとえば，いじめなどの問題が起きた時に，加害者，被害者双方に個別の支援を行う必要がある。不登校に至らないまでも，登校渋りや，別室登校の状態の子どもの支援，孤立や引っ込み思案の子どももいる。

それらの子どもをとりだして，ソーシャルスキルトレーニングを実施していく場合がある。たとえば，いじめられ被害の子どもに，その事態に対処できるように，大騒ぎをして教師の援助をひきだす「抵抗スキル」を教える方法がある。これも，早期発見・早期対応段階で行う手法であると言えるであろう。

あるいは，教室の中でキレてしまう子どもに，情動コントロールの仕方を適宜教えていく場合（小林・宮前，2007）や，発達障害の子どもに，適切な社会的な認識方法を教えることや，より周囲に受け入れられやすい適応的なスキルを教えることは，二次障害を回避することにつながるはずである（齊藤，2009）。

前節でふれたように，この段階でも，一次的援助レベルの未然防止の援助も同時並行で行われねばならないだろう。すなわち，課題を抱えている子どもに対する援助のみならず，その子どもの周囲にいる集団のスキルを向上させることで，集団が子どもを抱えやすくする援助も必要になると言えるであろう。

4 専門家が行う支援としてのソーシャルスキルの改善

1 専門的な支援が必要なソーシャルスキルの課題

もともと，ソーシャルスキルトレーニングは，臨床心理学の場で，対人不安の軽減に用いられる手法として開発されたもので，そのルーツはアサーショントレーニングと同一のものであった。この場合では，強い引っ込み思案や孤立，強い攻撃行動や情動コントロールの悪さなどを対象にしていた。

また，最近では，非行などの問題に対して，アンガーマネージメントなど，海外で認知行動療法の領域で開発された手法が適用され始めている。たとえば，保護観察所などで，攻撃行動の改善プログラムや性犯罪の改善プログラムが実施されるようになってきた。その一部に，ソーシャルスキルトレーニングの考え方が生かされている。

一方，発達障害や軽度の知的障害などに対して，養護・訓練の一環としてソーシャルスキルトレーニングが行われている。これは，社会適応を意識して，社会で必要となるスキルを習得させる教育的なかかわりであり，特別支援学校での支援は，一次的援助に相当すると考えられる。しかしこれは，通常学級の中で行われているソーシャルスキルトレーニングとは，目標としているスキルが相当に異なるもので，より精緻で丁寧なスキル学習プログラムが組まれている。

また，外部の専門機関で，本人の所属する集団での適応改善を目指して，専門家がプログラムを実施する場合もある。学校でのプログラムと同じ教育プログラムを行っていても，この場合は，専門的な支援の一環と考えることができる。

2 環境への再適応を目指したソーシャルスキルの改善

一方，不登校や神経症や精神症状，さらには，PTSD症状など，他の心理的な課題を抱えて専門家のもとを訪れる子どもに対しても，ソーシャルスキルの改善を意図しなければならない場合が少なくない。その多くは，子どもの問題の回復過程で，ソーシャルスキルを向上させるのだが，これは，環境への再適応を考えるうえで重要な支援方法である。

たとえば，筆者は，不登校問題の支援の1つに，「ストレスに対処できる技能（コーピングスキル：coping skills）をより学習させ，豊かにすること」を指摘し，この支援の有無が再適応の成否やその後の再発防止に関連するとした（小林，2009）。この中で，ストレスに対処するコーピングスキルの一種として，ソーシャルスキルが果たす役割を強調し，不登校の回復過程の中で，ソーシャルスキルの習得の必要性を強調している。

以上のように，ソーシャルスキルの考え方は，ソーシャルスキルの改善を専門的に目指す場合だけではなく，問題の回復過程で，再適応に役立てるためや，問題の再発を防ぐ意味合いでも活用ができるのである。

文　献

Caplan, G. (1964). *Principles of preventive psychiatry*. New York: Basic Books. （カプラン，G. ［著］／新福尚武［監訳］(1970). 予防精神医学　朝倉書店）

現代教育研究会（2001）．森田洋司［代表］「不登校に関する実態調査―平成5年度不登校生徒追跡調査」　文部科学省

早川惠子・大熊雅士・副島賢和［編著］／小林正幸［監修］(2009). 学校でしかできない不登校支援と未然防止―個別支援シートを用いたサポートシステムの構築　東洋館出版社

小林正幸（2001）．学校メンタルヘルスへの適用―不登校児支援の新展開（特別企画　行動療法）　こころの科学, **99**, 76-81.

小林正幸（2002）．先生のための不登校の予防と再登校援助―コーピングスキルとで耐性と社会性を育てる　ほんの森出版

小林正幸（2003）．不登校児の理解と援助―問題解決と予防のコツ　金剛出版

小林正幸（2005）．先生のためのやさしいソーシャルスキル教育　ほんのもり出版

小林正幸（2009）．不登校・ひきこもりの再発事例とCBT介入　臨床心理学, **10**(1), 38-43.

小林正幸・相川　充［編著］／國分康孝［監修］(1999). ソーシャルスキル教育で子どもが変わる　小学校―楽しく身につく学級生活の基礎・基本　図書文化社

小林正幸・宮前義和（2007）．子どもの対人スキルサポートガイド―感情表現を豊かにするSST　金剛出版

齊藤万比古（2009）．発達障害が引き起こす二次障害へのケアとサポート　学習研究社

コラム：教師の意識でソーシャルスキル教育は変わる!?

副島賢和

　学校は，ソーシャルスキルを学ぶ最適な場であると思っています。教師はねらいをもって子どもたちにかかわり，よりよい姿を言語で伝えます。それは，「インストラクション」と考えることができます。学校には，友達や教師がいます。それは，多くの「モデル」がいることになります。学んだスキルを試す場がたくさんあります。それは，繰り返し「リハーサル」を行えることになります。行ったスキルに対しての評価が周りから返ってきます。それは，「フィードバック」が行えるということになります。そして，多くの行事があったり，家庭の協力を得たりと，「定着化」のためのチャンスがあるからです。

　たとえば，「あいさつ」です。社会生活を送るうえで必要な社会性の1つとして「あいさつ」はとても大切なものです。「あいさつ」は，目標としてよく掲げられるものです。目に見える行動として評価もしやすいですし，教師にとって指導もしやすい目標です。学校では，「自ら進んであいさつをすること」が求められます。「よい姿勢で。大きな声で。明るいあいさつ」が求められます。「どの相手にも同じようなあいさつ」が求められたり，「場や相手に応じたあいさつ」が求められたりします。教師の評価に値しない場合には，何度もやり直しをさせられている場面も見られます。

　しかし，教師の指導ほど子どもたちに「あいさつ」が身についているとはいえないように思います。それはなぜなのでしょう。

　まず「インストラクション」です。なぜあいさつが必要なのか。あいさつをするとどんな効果があるのか。どのようなあいさつをすればよいのか。教室や朝会で話をする場面がたくさん見られます。教師の得意なところかもしれません。

　次に「モデリング」について考えてみたいと思います。ソーシャルスキル教育を行うにあたって大切なことの1つに，教師がいかなるモデルとなるかということがあるでしょう。しかしよく見られるのは，「進んであいさつをしよう」という目標を達成するための指導として，子どもが先にあいさつをするまで待っている教師がいます。子どもがどんな様子であっても，「元気なあいさつをしよう」という目標を達成するために，「良い姿勢で，大きな声で，明るく」あいさつを繰り返す教師もいます。上手にできたら褒められることは，指導としては確かに必要なことかもしれませんが，教師が「よいモデルとなる」ことに，果たしてつながっているのだろうかと思うことがあります。

子どもが100人いれば，教師は100通りのあいさつのモデルをみせることができると思うのです。

　次に，「リハーサル」についてみてみたいと思います。リハーサルのポイントは，「そのスキルを行うことの心地よさを何度も味わうこと」にあると思います。正しいあいさつのしかたを繰り返させることは指導として必要なときもあるかもしれません。しかし，同じ繰り返しにしても，させられる繰り返しでは，「心地よさ」を味わうことは難しいでしょう。朝，嫌な気持ちがあって，頑張って学校に来て，やっとの思いで小さいあいさつをしたときに，「声が小さい」とやり直しをさせられるのと，それでも教師から笑顔で「おはよう」とあたたかい声かけをされるのとでは，その子が後日，自らあいさつをしてみようと思うベースづくりには，大きな違いが生まれるのではないかなと思います（教師のキャラクターにもよりますが）。あいさつをすること，されることの「心地よさを味わわせる」ことに，つながるといいなと思います。

　次に「フィードバック」です。評価と修正と考えれば，教師が得意とするところかもしれません。しかし，それはあくまでも子どもにあいさつを指導するという立ち位置にいることが多いのではないのでしょうか。もう少し声を大きくすればよかったな，相手の目を見ればよかったな，お辞儀をすればよかったななど，子どもに修正を促すときには，子どもたちのあいさつのほんのちょっと上のあいさつをします。声も，表情も，お辞儀も，声かけも。そんなときの私への子どもからのフィードバックは，子どもと目が合うことだったり，子どものちょっとした笑顔だったりをねらいます。すてきなあいさつに対しては，「こんなあいさつをしてもらえて，とても気持ちがいいなあ」ということを伝えます。フィードバックのなかでも心地よさを味わわせられるかかわりができるとよいなと思います。

　最後に「定着化（般化）」です。学んできたスキルを実際の生活場面で行うことができるようになるところに，大きな1つの壁があるなと感じます。あいさつの機会が少なかったり，適切なフィードバックがなかったりすると，子どものあいさつへのモチベーションは下がっていって当たり前なのです。学校で行われる数々の行事や学習場面を活かすことはもちろんですが，トラブルさえもチャンスと捉えることで，学校のあらゆる場面をソーシャルスキルを育む機会となるのではないでしょうか。

　教師は意識ひとつで，学校におけるすべての場面がソーシャルスキル教育の場とすることができると考えています。そのためには，子どもたちのソーシャルスキルを育む立場の大人自身のソーシャルスキルを振り返る必要もあると思うのです。

第 2 部

学校カウンセリングにおける総合的アセスメント

第4章

個別支援のための総合的なアセスメント

奥野誠一

1　総合的なアセスメントとは

　学校カウンセリング上の問題をすべてソーシャルスキルの視点から理解し，解決を図ることは難しい。子どもを取り巻く環境，子どものパーソナリティ，発達状態などを含めて多角的・総合的に捉えたうえで，援助を考える必要がある。さまざまな要因が複雑に絡み合い，問題形成，維持・強化や改善に影響を与える。ここでは，個別に援助を行う際の総合的なアセスメントについて述べたうえで，ソーシャルスキルの位置づけについて検討する。

1　アセスメントとは

　アセスメントは，対象者に関する情報を集めて問題を明確にし，問題が形成および維持されてきたプロセスについての仮説を立て（問題の形成要因および維持・強化要因を把握し），対応方針を定めることである。

　また，アセスメントに基づいたかかわりによってどの側面がどのように変化するかといった改善基準の見当をつけ，効果を測ることもアセスメントの重要な役割である。アセスメントのうち，かかわりを始める前にベースラインを測るために実施するものを「プリ・アセスメント」と呼ぶ。対応をした後に効果を測るために実施するものを「ポスト・アセスメント」と呼ぶ。さらにその後しばらく経ってから中期的・長期的効果を測るために実施するものを「フォローアップ（追跡調査）」と呼ぶ。

このように，アセスメントと援助的かかわりはまったく別々のものではなく，連続したプロセスである（沼，2009）。仮説に沿ったかかわりを行い，その反応を見（アセスメントし）て，次のかかわりを判断する。したがって，心理治療の進行中もアセスメントは行われる。援助者と対象者との関係が深まると，問題の形成および維持・強化に影響を与える重要な情報が語られることもある。場合によっては，それまでの仮説を覆すようなこともある。かかわり初期での正確なアセスメントも重要であるが，柔軟性をもつことも重要である。必要に応じて当初の仮説を変更・修正しながら対応する。

2　学校カウンセリングにおけるアセスメントの視点

　大河原ら（2000）は，子どもの心理治療を行った事例研究を展望し，子どもを援助する際には，子ども個人がどのように育ってきたのかという側面（「成長発達システム」：問題の形成要因に相当）と，アセスメントを行っている時点で周囲がどのようにかかわっているかといった側面（「問題増幅システム」：問題の維持・強化要因に相当）から理解することが必要であるとしている。

　問題の形成要因および維持・強化要因について仮説を立て，対応方針を定めるためには，表4-1のような情報が必要になる。これらは，石隈（1999），小林（2003），スタラード（Stallard, 2005），村上・村上（2008），下山（2008），沼（2009）を参考にしている。

　子どもを援助する際には，保護者ともかかわりをもつ場合が多い。したがって，アセスメントは，保護者から得られる情報と子ども本人から得られる情報をもとに行われる。ここでは，とくに保護者を想定して述べる。主訴，ニーズ，肯定的資源などは子ども本人からも情報収集はしやすいであろう。また，さまざまな関係者により役割分担して援助する場合には，保護者だけでなく，関係者からも同様に情報は得られる。

　通常は，被援助者がどのようなことに困り，どうなったら良いかといった相談時点の問題（主訴・ニーズ）から話すことになる。その際に，問題が起こる状況，その直前の状況，その行動に対する周囲のかかわりや反応について聞きとる。このような情報は，問題の維持・強化要因を探る手がかりになる。周囲のかかわりにより何らかの悪循環が生じているために，問題が維持・強化され

第4章　個別支援のための総合的なアセスメント

表4-1　アセスメントでおさえる項目（例）

- 問題（主訴）
  困っていること
  当面の問題　（子ども本人にとって／保護者にとって）

- 目標・ニーズ
  長期的な目標・ニーズ
  当面の目標　（子どもの考え／保護者の考え）

- 問題状況の把握とこれまでの対処：問題が起こる頻度，程度，持続時間，時間の経過による変化

- 原因についての認識

- 相談歴

- 問題の経過と現状の把握：状況と周囲の対応も含めて
  きっかけ
  はじめに気になり始めた時期，状況，周囲の対応
  子どもの行動面：ふるまい，対人関係，したくないことへの取り組みの程度，
  　　　　　　　　したいことを我慢する程度（過去／現在）
  子どもの感情面：怒り，不安，緊張，喜びなど感情表出の程度（過去／現在）
  子どもの認知面：自分・他者・環境に対する認知（過去／現在）
  子どもの身体面：身体的緊張感等の有無（過去／現在）
  子どもの学力・能力面：学習活動，認知機能，知的発達水準（過去／現在）
  心理機能・精神疾患

- 生育歴・発達歴：子どもの身体発達，パーソナリティ発達，情緒的発達
  胎児期：妊娠中の母親の様子，在胎期間，出生体重，分娩状態など
  乳児期：栄養状態，首のすわり，始歩／片言の使い始めなどの時期，
  　　　　人見知りの有無，主な養育者など
  幼児期：発育状態，おむつのとれた時期，友人関係，反抗期の有無，甘え，
  　　　　嫌なことへの取り組みの程度，通園等の時期，主な養育者など
  小学校：健康状態，友人関係，反抗，甘え，教科の好き嫌い，学業成績，
  　　　　出席状況，転校の有無など
  中学校：小学校と同様

- 外傷体験　　虐待，いじめ，事故・事件の被害／目撃など，衝撃体験の有無
- 人間関係　　親子関係：良好な関係の程度，親との離別や養育者の交代，死別体験，親や家族
  　　　　　　　　　　の心身疾患／精神疾患，不適切な養育（拒否／暴力など）の有無
  　　　　　　教師関係：肯定的注目／否定的注目の頻度，教師への好意の程度
  　　　　　　友人関係：良好な関係の程度，仲間外れ／拒否／攻撃／受け身などの程度，
  　　　　　　　　　　親しい友人の有無
- 身体状況　　健康状態，障害／慢性疾患／入院経験／大きな病気の有無と程度
- 癖など　　　頭痛・ひきつけ・爪かみ・指しゃぶり，性器いじり，夜尿，夜泣き，神経質，チックなど

- 家族環境　　他の家族の認識／家族関係

- 教室環境　　他の子どもの認識／受け入れの程度

- 肯定的資源：関心をもっていること，好きなこと，支えになる人やもの

ている場合には，当面の目標はこの悪循環を断つことになる。

　生育歴は，問題の形成に密接に関係する。感情や認知面の発達の程度や，発達上のリスクの有無や予後を見通すうえでも重要な情報である。現在の問題が発達初期から見られるのか，最近なのか，何かきっかけとなる出来事があったのか，これまでのストレスの積み重ねなのか，突発的なのか等によって理解の仕方が異なる。また，問題が変化しやすいものなのか，変化しにくいものなのかを予測することでアプローチの重点も異なる。

　関係者がそれぞれどの側面に働きかけるかといった役割分担にも有用である。学校外部の有料の相談機関では，心理職はこれらの情報を聞きとったうえで，自分の所属機関ではどこまで対応可能か判断する。扱える範囲を超えると判断した場合には，他の適切な機関を紹介（リファー）する。

　また，得意分野・関心，サポート環境などの肯定的資源についての情報も重要である。これらは，子どもの健康な側面を理解し，援助関係の形成や積極的な介入をする際に活用することができる。

　学校カウンセリングでは，これらのような情報に加えて，行動観察や各種心理検査で得られる情報を合わせて，統合的に子どもを理解する。

3　学校カウンセリング実践上のアセスメントの限界

　生育歴の聞きとりは，有料の相談機関への自発的来談のように相談への動機づけが高い場合にはあまり困難はない。しかし，自治体の設置する無料の教育相談所やスクールカウンセラーへの来談では，相談への動機づけが低く，詳細を聞きとることは難しいことも多い。また，さまざまな相談機関に通ったものの効果を実感していない保護者は，「また昔の話をさせられる」などと不満を抱いていることも多い。こうした理由から，教師が細かく生育歴をたずねることは難しい場合もあるかもしれない。

　適切かつ効果的な援助を行うためには，必要な情報を収集することが大切である。しかし，学校カウンセリングでは，場合によっては学校内だけで対応せざるをえない場合や保護者と話し合う機会ももてない場合もしばしばである。これらのような場合，必要な情報のすべての項目をおさえられないことも多く，ある程度，推測で補わざるをえない面もある。できる範囲で，子どもや保護者

に負担をかけないように行っていくことが現実的であろう。

その場合でも，主訴，問題の経過，きっかけ，これまでの対処，周囲の認識，肯定的資源については，早い段階でおさえられると良いであろう。

2　総合的なアセスメントとソーシャルスキルとの関連

ソーシャルスキルをアセスメントする際，その時点でのスキルだけをアセスメントし，不足するスキルの向上を図るだけでは不十分な場合もある。ソーシャルスキルの関連要因も考慮する必要がある。ここでは，総合的なアセスメントがソーシャルスキルとどのような関連をもつのか整理する。

1　総合的なアセスメントとソーシャルスキルの学習との関連

ソーシャルスキルは，「言語的教示」「モデリング」「リハーサル」「オペラント条件づけ」によって獲得される（King & Kirschenbaum, 1992）。生育歴を把握することで，適切なスキルを学習できる環境だったか否かを推測できる。

たとえば，周囲の大人が人間関係上のルールを教えられなかったとすれば，子どもは適切な行動についての知識を学ぶことができない（言語的教示）。周囲の大人が不適切なふるまいをするようであれば，子どもは不適切なふるまいを学ぶ（モデリング）。認知機能に偏りがある場合には，モデルに適切に注意を向けられずモデリングができない可能性もある。適切なふるまいをしても本人にとって快適な体験が得られなければ，そのふるまいは学習されない（オペラント条件づけ）。逆に，不適切なふるまいをしたときに本人にとって快適な体験が得られれば，そのふるまいを学習する（オペラント条件づけ）。これらのふるまいは繰り返す（リハーサル）ほど，洗練され定着する。

発達初期から拒否や無視をされるなど自己の存在を否定するような環境で育った場合には，「自分は常に危険にさらされている」「自分は存在価値がない」「自分は悪い人間である」といった，自己や他者を含む外部環境に対する否定的な認知を形成しやすくなるであろう。また，状況や相手の意図を読み取る際に被害的に受け取るようになる。感情を言語化し，受け止めてもらう体験が少なければ，感情語彙を習得する機会が不足し，感情コントロールスキルの獲得が

難しくなりやすくなる。

　一方，アセスメント時点での問題状況，周囲のかかわりや反応を把握することで，不適切な対処スキルの獲得や強化に寄与する要因をオペラント条件づけの視点から推測できる。

2　総合的なアセスメントとソーシャルスキルの遂行困難

　ソーシャルスキルを遂行する際には，「相手の反応の解読」「対人目標の決定」「対人反応の決定」「感情の統制」「対人反応の実行」の過程を経る（相川，2009）。各過程のいずれかで不適切なスキルが適用されると，適切なスキルの実行は難しくなる。各スキルを測定する方法は，相川（2009）に紹介されている。ここでは，紙面の都合上，獲得済みのソーシャルスキルの実行ができないことと総合的アセスメントとの関連を整理する。

　とくに，スキルを実行する場面で，不安・恐怖・怒りといった不快な感情に支配されると，適切なスキルの実行を妨げる。不快な感情を伴わない場面では適切なスキルを実行できるが，不快な感情を伴う場合には適切なスキルを実行できないような場合には，不快な感情が妨害要因として機能している。このような場合には，スキルを教えるのではなく，スキルの妨害要因を特定し，それを考慮に入れたかかわりをすることになる。これらの妨害要因は，形成要因や維持・強化要因を推測する過程で，感情発達の程度や周囲のかかわり方からある程度アセスメントすることができる。

　また，以前は実行できたスキルが，ある時期やライフイベントを境にできなくなることもある。強いストレッサーを経験した場合，不安，抑うつが高くなり，無気力状態になることもある。このような場合，感情面が改善することによってスキルも実行されるようになる。

　感情の問題を伴わない場合には，認知面の問題が考えられる。たとえば，実行スキルは獲得しているにもかかわらず，「相手の反応の解読」「対人目標の決定」「対人反応の決定」がうまくできないために，場に合わなかったり，手段を間違えたりして，スキルが発揮できないなどである。

3 ソーシャルスキルのアセスメント

　総合的なアセスメントの結果，ソーシャルスキルに焦点を当てて援助することになれば，ソーシャルスキルを正確にアセスメントし，効果測定をしながら援助を行う。ソーシャルスキルのアセスメントには，面接法，質問紙法，行動観察法，セルフモニタリング法などがある（鈴木・小林・庄司，1989；相川，2005；戸ヶ崎，2006；南川・宮前，2007；相川，2009）。面接法は，生育歴やアセスメント時点の問題，感情面，認知面まで幅広く把握することができるが，話し手の主観に偏る面もある。質問紙法は，簡便に評定者の主観的な認識を測定できるが，実際の行動とは一致しないことも多い。行動観察法からは，具体的で妥当性の高い情報が得られるが，実施には相当な手間がかかる。セルフモニタリング法は，子どもの自己観察能力に依存するものの，同時に介入としても活用できる。このように，それぞれの方法にはメリットとデメリットがある。自己評定と他者評定を組み合わせてソーシャルスキルを評価することで，信頼性と妥当性が高まり，効果的なアセスメントと援助ができる。

文　献

相川　充（2005）．ソーシャルスキル教育のためのアセスメント　佐藤正二・相川　充［編］実践！ソーシャルスキル教育―小学校　図書文化　pp.16-27.
相川　充（2009）．新版　人づきあいの技術―ソーシャルスキルの心理学　サイエンス社
石隈利紀（1999）．学校心理学―教師・スクールカウンセラー・保護者のチームによる心理教育的援助サービス　誠信書房
King, C. A., & Kirschenbaum, D. S. (1992). *Helping young children develop social skills: The social growth program.* Pacific Grove, CA: Brooks/Cole.（キング，C. A.・キルシェンバウム，D. S.［著］／佐藤正二・前田健一・佐藤容子・相川　充［訳］（1996）．子ども援助の社会的スキル―幼児・低学年児童の対人行動訓練　川島書店）
小林正幸（2003）．不登校児の理解と援助―問題解決と予防のコツ　金剛出版
南川華奈・宮前義和（2007）．対人スキルのアセスメント　小林正幸・宮前義和［編］子どもの対人スキルサポートガイド―感情を豊かにするSST　金剛出版　pp.23-32.
村上宣寛・村上千恵子（2008）．改訂臨床心理アセスメントハンドブック　北大路書房
沼　初枝（2009）．臨床心理アセスメントの基礎　ナカニシヤ出版
大河原美以・小林正幸・海老名真紀・松本裕子・吉住あさか・林　豊（2000）．子どもの心理療法における見立てと方法論―エコシステミックな見立てモデルの確立に向け

て　カウンセリング研究, **33**, 82-94.

下山晴彦（2008）．臨床心理アセスメント入門―臨床心理学は，どのように問題を把握するのか　金剛出版

Stallard, P. (2005). *A clinician's guide to think good-feel good: Using CBT with children and young people.* Chichester, UK: John Wiley.（スタラード, P.［著］／下山晴彦［訳］（2008）．子どもと若者のための認知行動療法ガイドブック―上手に考え，気分はスッキリ　金剛出版）

鈴木聡志・小林正幸・庄司一子（1989）．子どもの社会的スキルに関する展望（2）―査定について　教育相談研究, **27**, 71-84.

戸ヶ崎泰子（2006）．ソーシャルスキル教育のためのアセスメント　相川　充・佐藤正二［編］実践！ソーシャルスキル教育 中学校―対人関係能力を育てる授業の最前線　図書文化社

第5章

発達障害のアセスメント

染木史緒

1　学校カウンセリングにおける発達障害理解の重要性

　学校カウンセリングにおいて，発達障害の理解は必須である。数ある発達障害の中でも，とくに高機能自閉症やアスペルガー障害，注意欠陥多動性障害（ADHD）の生徒の多くは通常級に在籍している。2002年の文部科学省による調査の結果，知的発達に遅れはなくこれらの発達障害の「傾向」を示す生徒の割合は実に6.3パーセントに及ぶことが報告されている（文部科学省，2003）。これは30人学級でいえば各クラスに約2人ほど発達障害をもつ生徒が在籍することになる。このことを考えに入れると，学校においてカウンセリングの支援を受ける生徒の中でも，少なからぬ数の生徒が発達障害をもっている可能性がある。学校カウンセリングにおいて，発達障害の理解とアセスメントが非常に重要である理由はここにある。

　発達障害をもつ生徒は，日常生活に困難やつまずきを示すことが多い。とくに年齢が上がるにつれ，それらの困難から派生した情緒的問題を示すことは珍しくない。これらは障害の本質的な問題ではなく，障害をもつことから生じた二次的な問題，という意味で二次障害と呼ばれている。発達障害をもたない生徒の情緒的な問題と，発達障害をもつ生徒の二次障害を見分けるためには発達障害に関する知識，そしてそれに基づくアセスメントが必須である。もし，生徒の情緒的な問題が障害による二次的な問題であれば，障害に起因する困難に介入しなければ問題は解決しない。

2 学校で行われる発達障害のアセスメント

1 知能・認知機能検査

　発達障害のアセスメントで最初に実施されるのは知能・認知機能検査である。これらの検査は単に知能指数（IQ）を算出するためではなく，生徒の認知特徴（プロフィール）を理解し，今後の支援につなげるために行われる。IQ は生徒の全般的な機能水準を示す指針の 1 つではあるが，具体的な支援はそれぞれの生徒の認知特徴を理解せずに計画することはできない。

(1) WISC-IV 知能検査

　知能検査で最も代表的なものの 1 つが，ウェクスラー式知能検査である。これは児童用の検査である WISC-IV 知能検査（上野ら, 2011），幼児用の WPPSI 知能診断検査（小田ら, 1969）と成人用の WAIS-III 成人知能検査（藤田ら, 2006）の総称であり，1939 年にウェクスラー（Wechsler, 1939）が出版したウェクスラー・ベルビュー知能検査を下敷きにしたものである。当時は言語性知能と動作性知能を重要視していたが（Flanagan & Kaufman, 2009），WISC-III と WAIS-III からは言語性知能が言語理解（VC）とワーキングメモリー（WM），動作性知能が知覚推理（PR）と処理速度（PS）の，合計 4 つの下位指標に分けられている[1]。細かい解釈は専門の書（上野ら, 2005 など）に譲るが，基本として知っておきたいのは平均（標準得点 = 100）から ±1 標準偏差（この検査では 1SD = 15，つまり 85‐115）内に同年齢の生徒の約 68％，±2 標準偏差内（70‐130）に約 96％が含まれることである。つまり，この値から上下いずれかに外れている場合，同年齢の他の生徒に比べ，高い能力あるいは大きな困難をもっていると考えられ，学校生活で何らかの配慮が必要である可能性が非常に高い（図 5-1）。

　また，ウェクスラー式知能検査だけでなく，ほとんどの認知機能検査で使用されている偏差 IQ の考え方は保護者など心理検査に詳しくない人には丁寧に説明しないとわかりづらい。たとえば標準得点（偏差 IQ）が 70 であることは

---

[1] 2011 年発売の新版 WISC-IV 知能検査では，言語性知能・動作性知能という概念はなくなり，全検査 IQ および 4 つの下位指標のみになった。

第5章　発達障害のアセスメント

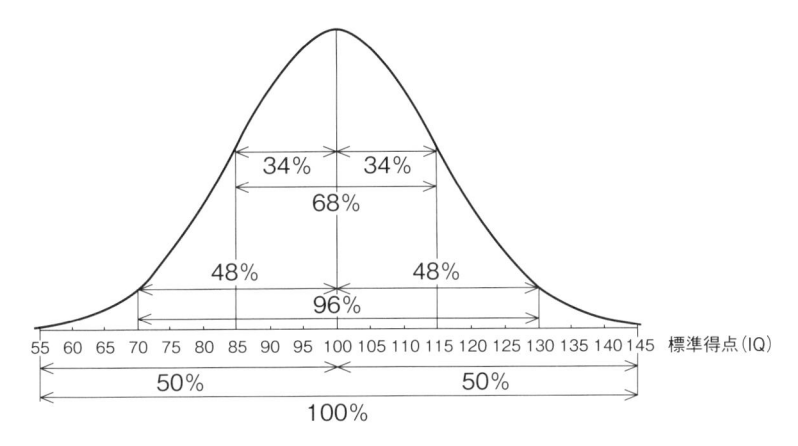

図5-1　正規分布

100点満点で70点ということではないが，そう勘違いされる場合は少なくない。そのため，保護者などに検査結果を説明する時は正規分布の表を使うなど，視覚的な情報も補ってわかりやすく説明することが求められる。さらに，説明の際にはパーセンタイル順位も有用である。たとえば，標準得点が70ならパーセンタイル順位は2だが，同学年100人の生徒中，前から数えてこの生徒の後ろには2人いるということである。同様に，標準得点が130ならパーセンタイル順位は98なので，100人の生徒中だと後ろに98人いる（つまり，前から2番目とも言える），と言うようにすべての標準得点には対応するパーセンタイル順位が示されている。

また，4つの下位指標の間に1標準偏差以上の開き（ディスクレパンシー）がある場合，認知の偏りがあると定義される。その場合，全検査IQの値は生徒本人の全般的能力を反映しているとは言い難く，個々の下位指標に注目することが必要となる。全検査IQの数値だけが独り歩きしてしまうことを危惧し，有意なディスクレパンシーがある場合は全検査IQを報告しない検査者もいるほどである。そこまではいかなくても，その場合はとくに丁寧な結果の解釈を心がけたい。

ウェクスラー式知能検査の特長は，直接指導に生かせるような生徒の認知特徴が把握できることにある。4つの群指数の値から生徒の得手・不得手を理

解することで，得意な能力を生かしつつ，苦手な作業には必要な配慮を与えるなどの指導や工夫が可能になるのである。具体的には，言語性知能の下位指標である言語理解（VC）は聴覚的言語理解能力を反映し，ワーキングメモリー（WM）は短期的に聴覚情報を記憶してその情報を操作する能力を反映している。一方，動作性知能の下位指標である知覚推理（PR）は視覚刺激を理解してその情報に基づき推論する能力を反映し，処理速度（PS）は限られた時間に効率よく視覚情報を記憶して（鉛筆を使った）作業をスムーズに行う能力を反映している。そのため，たとえば言語理解の得点は低いが知覚推理の得点は低くない生徒には，口頭で指示を与える際に図や写真を併せて呈示するなどの配慮が考えられる。また，ワーキングメモリーの得点が低い生徒に大事な事項はメモを採る習慣をつけさせる，処理速度の得点が低い生徒には作業中に手元で見られるような早見表を渡したり，作業時間についてプレッシャーを与えないなど，さまざまな工夫の可能性がある。また，配慮を行う際には必ずその生徒の得意な（あるいは苦手でない）能力にも注目し，それを生かした役割をクラスで作るなど，生徒が自信をもてる機会を増やすように配慮したい。

　このようにウェクスラー式検査には学校で広く用いられるだけの利点があるが，その一方で限界もある。その一番大きなものは適用範囲であり，言語性の検査が約半数を占めるため認知水準が低い生徒には適していない。粗点（問題に正答した実際の得点）が年齢平均に比べて非常に低い場合，ほぼすべての評価点が1（最低値）になってしまい，指導に有用な情報が得られないからである。また，言語性検査の多くが口頭での指示によるため，聴覚記憶に困難をもつ生徒の能力が過小評価される危険性もある。そのような疑いがある場合には，他の認知検査も併用するなどの配慮が必須となる。

(2) 田中ビネー知能検査 V

　日本で幅広く使用されているもう1つの知能検査が，田中ビネーVである。これはフランスのアルフレッド・ビネー（Binet & Simon, 1905）が開発した知能検査を下敷きにアメリカのターマン（Terman & Merrill, 1937）が開発したスタンフォード・ビネー検査の日本語版であり，初版は1947年に田中寛一によって出版された。現在は第5版が最新である（松原ら，2003）。

この検査の大きな特徴として，精神年齢（Mental Age = MA）が算出できることがある。第5版からは2-13歳の受検者のみに対象が絞られたが，各年齢級の課題をいくつ通過したかにより精神年齢が計算され，IQは精神年齢を生活年齢（Chronological Age = CA，つまり実際の年齢）で割ることによって算出される。また，ウェクスラー式知能検査に比べ適用年齢も範囲も広く，2歳から成人まで，そして発達に遅れのある生徒にも使用可能である。とくに，学齢期以前の年齢級課題には生徒の発達を理解するうえで大切な運動面の課題も含まれており，生活年齢あるいは精神年齢が低い生徒の状態を把握するにはビネー式検査の方がウェクスラー式検査より秀でていると言えよう。

(3) K-ABC　心理・教育アセスメントバッテリー

K-ABC　心理・教育アセスメントバッテリーは，カウフマンら（Kaufman & Kaufman, 1983）により開発されたK-ABCの日本版である（松原ら, 1993）。アメリカの原版は理論に則って作成された最初の認知機能検査であった。日本版は，単独では上記の2つの検査ほど使用されていないが，生徒の認知特徴をよりよく理解するための補助検査として非常に有用である。また，教示に絵や図が多く使用されており，言語による教示を最小限にしていることから，アメリカなど言語および文化多様性のある国では英語が母国語ではない生徒の能力を把握するにはウェクスラー式知能検査やスタンフォード・ビネー知能検査より優れていると考えられている（Kaufman & Kaufman, 2004）。また，言語による教示が少ないことに加えて視覚的手がかりが多いことから，聴覚的短期記憶の不得手な生徒の能力を適切に把握できる可能性が高い。適用年齢は2歳6ヶ月から12歳11ヶ月と義務教育では小学校に限られるが，結果は指導上の工夫に結び付けやすく，今後の支援計画を考えるためには非常に有用である。

下位尺度は認知処理過程尺度と習得度尺度の2つに大別される。認知処理過程尺度が生徒の本来の認知能力を反映する一方，習得度尺度は語いや算数問題などを含み主に学校での学習成果の積み重ねを反映すると考えられている。また，認知処理過程尺度はさらに継次処理尺度と同時処理尺度の2つに分かれ，継次処理尺度は与えられた情報を1つずつ順番に処理していく能力，同時処理尺度は複数の刺激を全体として大きく1つに捉えて理解する能力を反映すると

される。また，必要があれば認知処理過程尺度の下位検査を組み合わせ非言語尺度の得点も算出できる。これは名前のとおり，図や絵など言語を使わない情報を処理する能力を反映する。これらの概念は現場の教員や保護者にも比較的理解しやすいため，学校や家庭での指導方針を立てるときに役立つことが多い。

なお，現在標準化作業中（2012年出版予定）の第2版（K-ABC-II）では適用年齢が18歳までと広くなり，より多くの生徒に使用可能となる。また，尺度構成もキャッテル・ホーン・キャロル（CHC）理論とルリアの神経心理学理論のいずれかを選択することができるようになり，解釈の幅もより広がる（藤田，2006）。

(4) DN-CAS 認知評価システム

2007年に日本版が発売されたDN-CAS認知評価システム（前川・中山・岡崎，2007）は認知機能検査の中では新しいものである。この検査の原版はPASS理論に則り構成されたDN-CAS[2]（Naglieri & Das, 1997）で，認知機能をプランニング（Planning），注意（Attention），同時処理（Simultaneous），継次処理（Successive）の4つに分けて捉えている。同時処理・継次処理の概念は基本的にルリアのモデルを採用しているためK-ABCと同様だが，プランニング・注意はADHDや自閉症などの発達障害との関連もあり，近年はとくに注目を浴びている概念である。プランニングとは，作業や行動を行う前に見通しを立て，適切な選択肢を選び，それに沿って行動する能力である。注意はWISC-IVのワーキングメモリー（WM）の概念と一見似ているが，やや異なる。DN-CASでの注意は妨害刺激を無視し（WISC-IVの下位検査では妨害刺激は呈示されない），必要な刺激に選択的に注意を集中する能力を意味する。

このDN-CASはK-ABC同様，ウェクスラーあるいはビネー式知能検査に追加して使用するのが好ましいが，とくにLDやADHD，高機能自閉症をもつ生徒の認知特徴に応じた指導計画を立てていく際には役立つだろう。また，設問の多くは既存の知識を必要としない種類の問題であり，経験の有無に左右され

---

[2] アメリカではCASと呼ばれているが，同名の別検査もあるため本書ではDN-CASで統一する。

にくいため，新しい刺激に対して生徒がどのように反応するかを推測するのにも優れている。

2 行動・気分評定尺度

児童・生徒の認知特徴をおおむね把握した後は，行動や気分の状態を理解することも必要である。基本的にはカウンセリング来談時の主訴に合わせて実施する尺度を決めていくが，とくにうつや不安などは目立つ行動に隠されていることも少なくないので，見落とさないよう気をつけたい。

(1) 日本語版 CBCL/4-18 質問紙，TRF

日本語版 CBCL/4-18 はアッシェンバッハ（Achenbach, 1991）により開発された Child Behavior Checklist（CBCL）の日本語版である。原版の CBCL は子どもの行動チェックリストとしてアメリカで最もよく使用されている尺度の1つであり，日本でも複数の研究者グループによって日本語版が作成されている。2010 年の時点で最も新しく，かつ信頼性が高くて広く用いられているのは国立精神神経センターの井潤ら（2001）の作成した日本版である。4-18 とは適用年齢が4から18歳ということを示している。また，CBCL は保護者が生徒を評定する質問紙であり，ほぼ同じ項目で教師が生徒を評定する質問紙は TRF（Teacher's Report Form）と呼ばれる。

CBCL の優れた点は，周りから見えやすい行動（外的行動：externalizing behavior）と外から見えにくい行動（内向行動：internalizing behavior）の両方が評定できる点にある。外的尺度には下位尺度として「攻撃的行動」と「非行的行動（規則を破る行動など）」が含まれ，内向尺度には「ひきこもり」と「身体的訴え（器質的な原因が明らかでない腹痛や頭痛，吐き気など）」「不安／抑うつ」が含まれる。これらの下位尺度に加え，「社会性の問題」と「思考の問題（自傷行動，睡眠の問題，幻覚，性的逸脱行動など）」「注意の問題」の尺度があり，包括的に生徒の状態を把握することができる。また，一定期間（たとえば6ヵ月）ごとに生徒の行動を評定することで，生徒の行動がどのように変化しているか（軽減しているのか，増加しているのかなど）をモニターすることも有用である（Achenbach & Rescorla, 2001）。

最後に，結果を見る際に気をつけなくてはいけないのは，この尺度は標準得点の中でも偏差IQではなくT得点を採用していることである。T得点は50が平均で1標準偏差が10であり，点数が高いほどその行動が多く観察されることを表す。CBCLの場合には，プロフィール表に正常域，境界域，臨床域が点線で区切って示されており，各下位尺度の問題行動の程度が視覚的に把握しやすくなっている。

(2) 診断・対応のための ADHD 評価スケール ADHD-RS

ADHD-RSとは注意欠陥／多動性障害（ADHD）の診断補助尺度であり（DuPaul, Power, Anastopoulos & Reid, 1998），DSM-IV 精神疾患の診断と分類の手引き第4版（American Psychiatric Association, 1994）のADHDの項目に沿って作成された。正式な日本語版は2008年に出版されている（市川・田中・坂本，2008）。日本ではADHDの診断は医師が行うものであり，心理士や教師が独自に判断をすることは控えるべきだが，ADHDの診断には最低でも2ヵ所（一般的には家庭と学校）でADHDの診断を満たす行動を呈していることが求められるため，学校からの情報は医師が診断を行う際にも非常に重要である。とくに，生徒の教室内での様子は学校とはまったく違う環境である病院の外来での様子から推測することが困難なため，保護者から病院の受診を告げられた場合などに，ADHD-RSで教師が評定を行って保護者に渡しておくことはより正確な診断の一助となる。

(3) 新版 S-M 社会生活能力検査，ヴァインランド又は旭出式社会適応スキル検査

行動や気分の評定に加えて，もう1つの重要なのが適応機能（Adaptive functioning）の測定である。適応機能とは意思伝達，自己管理，家庭生活，社会的・対人的技能，地域社会資源の利用，仕事，余暇，健康，安全などを含む包括的な概念で，社会の中で日常生活を送るのに必要な幅広い能力のことを指す。適応機能の概念は日本ではまだあまり知られていないが，DSM-IVにおける精神遅滞（知的障害）の診断にもIQが70以下であることに加え，適応機能の欠陥または不全の存在が必須とされているなど，非常に重要な概念である。また，ADHDや高機能自閉症をもつ生徒の中には，認知機能と適応機能の水準

に大きな差があることも少なくない。知能や学力は高いのに日常生活を送るのに困難がある、という生徒の中には、高い認知機能と平均以下の適応機能をもつ生徒も少なくない。

　アメリカでは代表的な適応機能検査としてヴァインランド適応行動尺度（Vineland Adaptive Behavior Scales, Second Edition：Vineland-II）や AAMR（アメリカ精神遅滞協会）適応行動尺度（AAMR Adaptive Behavior Scales：AAMR-ABS）などがある。日本では AAMR 適応行動尺度の旧版 AAMD-ABS（注：AAMD は AAMR の旧称）が ABS 適応行動尺度として出版されていたが、現在は廃版になっている（2010年現在）。ヴァインランド適応行動尺度は現在標準化作業が行われているが、出版年は未定である。そのため、現時点で日本に包括的な適応機能尺度は存在しないが、ヴァインランドの第 1 版を下敷きにして作成された検査に新版 S-M 社会生活能力検査（三木，1980）がある。この検査の適用年齢は 1-13 歳で、6 つの下位項目（身辺自立，移動，作業，意志交換，集団参加，自己統制）で構成されている。実施時間は 20 分程度で、生徒の社会生活を送るうえでの能力を大まかに把握できる便利な検査だが、標準化された時期が古く現在の実情に必ずしも合っていないため、解釈には注意が必要である（2011年、新版 S-M 検査と同様の簡易な適応機能検査である旭出式社会適応スキル検査発売予定）。

3　アセスメントバッテリーの組み方

　アセスメントの信頼性は、状況により大きな振れ幅がある。個別式検査の場合には、検査者側の要因（生徒との関係，検査実施の手際の良さ，検査者の年齢や性別など）や環境要因（検査を実施した部屋の騒音，温度など），そして生徒側の要因（体調，疲労など）によって大きく左右される。また、質問紙評定の場合にはどうしても主観的な意見が含まれるため、とくに評定者の要因（生徒との関係，評定者の経験，体調など）によって結果が大きく異なることは少なくない。また、そもそもアセスメントとはその時点での生徒の能力を「推測」するものであり、1 回のアセスメントの結果が生徒の真の能力を表していることは決してない。そのため、アセスメントは 2 つ以上の検査を実施するこ

とが強く推奨される。とくに，質問紙評定の場合は同じ質問紙を複数の人に評定してもらう（たとえば，担任と他の科目の教員など）ことで信頼性はかなり上がり，また生徒の状態がより詳細に見えてくるため，複数の評定は必須である。そのうえで，もし2つのアセスメントの結果に大きな差があれば，さらなる検討が必要である。差が生じた要因を検討することに加え，たとえば質問紙評定であればさらに別の教員に評定を頼むなどして情報を集め，生徒の様子を可能な限り正しく把握することが求められる。

　学校場面での基本的なアセスメントバッテリーの組み方としては，先に述べたように発達障害をもつ生徒を見落としを避けるためにも，知能・認知機能検査をまず行い，それに主訴に合った検査を追加して行うのが一般的だろう。たとえ主訴が情緒的な問題であっても，まずは生徒の認知能力に偏りがないことを必ず確認しておきたい。そのうえで追加して行う検査は上にあげた以外にも数多くあるが，いわゆる投映法の検査を行う際にCBCLなど目に見える行動の評定も行っておくとよい。これはカウンセリングを進めていくうえでカウンセラーが生徒の教室内での様子やその変化をモニターするのにも役立つし，また教師にとっては行動評定の結果は投映法の検査を通してわかる生徒の内面に関する特徴よりも理解しやすいため，担任などに生徒の状態を説明する際に有用だからである。また，定期的に評定を実施することにより，教師の目には見えづらいカウンセリングの効果を理解する一助となる。

　では，知能・認知機能検査で認知の偏りが明らかになった場合はどのようなバッテリーを組むと良いのだろうか。学校や相談機関によって使用可能な検査用具は異なるが，もしK-ABCやDN-CASなどの検査があれば，まずはそれを実施して生徒の認知特徴をさらに詳しく理解したい。そのうえで（あるいは，それが不可能な場合）CBCLなどで行動の評定を行い，生徒の教室内での様子を把握する。この時に激しい外的行動（攻撃性など），深刻な内向行動（抑うつなど）や思考の問題が明らかになれば，その程度によっては専門家（精神科医など）による詳しい検査や介入が必要になる。それ以外の場合には，これまでのアセスメントの結果を踏まえて支援計画を立てていくと良い。また，知能や学力は高いが生活面や対人面での困難が大きい生徒の場合には，適応行動の状態を把握したうえで支援計画に取り入れることが大切である。また，これらに

第5章　発達障害のアセスメント

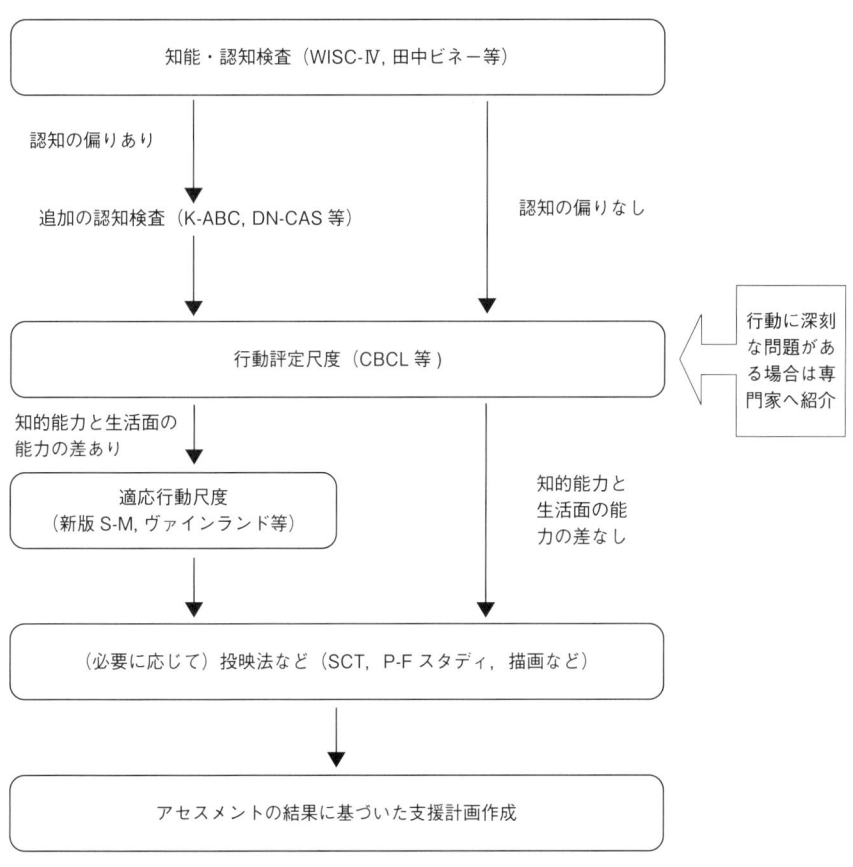

```
┌─────────────────────────────────────────┐
│  知能・認知検査（WISC-Ⅳ, 田中ビネー等）  │
└─────────────────────────────────────────┘
    │認知の偏りあり              │認知の偏りなし
    ▼                            │
追加の認知検査（K-ABC, DN-CAS等）│
    │                            │
    ▼                            ▼
┌─────────────────────────────────────────┐      行動に深刻
│       行動評定尺度（CBCL等）            │◀──── な問題があ
└─────────────────────────────────────────┘      る場合は専
  │知的能力と生活面の        │知的能力と           門家へ紹介
  │能力の差あり              │生活面の能
  ▼                          │力の差なし
適応行動尺度                  │
（新版S-M, ヴァインランド等） │
  │                          │
  ▼                          ▼
┌─────────────────────────────────────────┐
│（必要に応じて）投映法など（SCT, P-Fスタディ, 描画など）│
└─────────────────────────────────────────┘
                  │
                  ▼
┌─────────────────────────────────────────┐
│   アセスメントの結果に基づいた支援計画作成   │
└─────────────────────────────────────────┘
```

図5-2　アセスメントの流れ

加えて情緒面のさらなるアセスメントが必要な場合には，主訴に合わせた検査を適宜実施することになる（図5-2参照）。

　アセスメントは，実際に検査を実施する前から始まっている。今までの経緯を聞き，必要なアセスメントバッテリーを念頭に置いたうえで検査を実施する必要があるからである。生徒の状態や主訴に加え，それぞれの施設に揃っている検査道具や時間的制約など，さまざまな条件を考慮に入れてバッテリーを組むのは意外と難しい。必要な検査を実施せず，十分な情報が得られないのはもちろん困るが，不要な検査をたくさん行って生徒の負担を増やすのも避けたい。

49

どのような場合にも，アセスメントは今後の生徒の支援計画（学力支援とは限らない）を立てるために行うことを念頭に入れ，その状況での最善を尽くしたいものである。また，アセスメントの結果は，可能であれば保護者（あるいは中学生なら本人の場合もある）に伝えるようにしたい。なぜなら，学校以外の場面，あるいは学校卒業後のさまざまな場でも，アセスメントの結果を生かすことが可能だからである。さらに，結果を伝える際には，必ず生徒の得意な能力から説明を始めたい。専門家からアセスメントの結果を聞くときには誰でも神経質になる。そのような状況でいきなりできないこと，苦手なことから伝えられたのでは，その後でいくら得意なことについて話したとしてもネガティブな印象が強く残ってしまうからである。検査結果を聞き，保護者や本人が前向きに今後の支援に取り組んでいけるような説明を心がけたい。そもそも，アセスメントは生徒の今後の支援方法を前向きに考えていくために行うものである。そのことを常に心にとめてアセスメントを実施するようにしたい。

文　献

Achenbach, T. M. (1991). *Manual for the teacher's report form and 1991 profile.* Burlington, VT: University of Vermont, Department of Psychiatry.

Achenbach, T. M., & Rescorla, L. A. (2001). *Manual for the ASEBA school-age forms & profiles.* Burlington, VT: University of Vermont, Research Center for Children, Youth & Families.

American Psychiatric Association. (1994). *Diagnostic and statistical manual of mental disorders* (4th ed.). Washington DC: Author.

東　洋・上野一彦・藤田和弘・前川久男・石隈利紀・佐野秀樹（1998）．WISC-Ⅲ知能検査　日本文化科学社

Binet, A., & Simon, T. (1905). Methodes nouvelles pour le diagnostique du niveau intellectuel des anormaux [New methods for the diagnosis of the intellectual level of abnormals]. *L'Annee Psychologique*, **11**, 191-244.

Cicchetti, D. V., Balla, D. A., & Sparrow, S. S. (2005). *Vineland adaptive behavior scales* (2nd ed.). Shoreview, MN: Pearson.

DuPaul, G. J., Power, T. J., Anastopoulos, A. D., & Reid, R. (1998). *ADHD rating scale-IV: Checklists, norms, and clinical interpretation.* New York: Guilford Press.

Flanagan, D. P., & Kaufman, A. S. (2009). *Essentials of WISC-IV assessment* (2nd ed.). New York: Wiley.

藤田和弘（2006）．K-ABC-Ⅱの概要と理論的背景．K-ABCアセスメント研究, **8**, 87-103.

日本K-ABCアセスメント研究会

藤田和弘・前川久男・大六一志・山中克夫（2006）．WAIS-III成人知能検査　日本文化科学社

井潤知美・上林靖子・中田洋二郎・北　道子・藤井浩子・倉本英彦・根岸敬矩・手塚光喜・岡田愛香・名取宏美（2001）．Child Behavior Checklist/4-18 日本語版の開発　小児の精神と神経, **41**, 243-252.

市川宏伸・田中康雄・坂本　律（2008）．診断・対応のためのADHD評価スケール ADHD-RS．明石書店

Kaufman, A. S., & Kaufman, N. L. (1983). *Kaufman assessment battery for children technical manual*. Circle Pines, MN: American Guidance Service.

Kaufman, A. S., & Kaufman, N. L. (2004). *Kaufman assessment battery for children, second edition, technical manual*. Circle Pines, MN: American Guidance Service.

松原達哉・藤田和弘・前川久男・石隈利紀（1993）．K-ABC個別式心理教育バッテリー　丸善

松原達哉・藤田和弘・前川久男・石隈利紀（2003）．田中ビネー知能検査V　田中教育研究所

三木安正（1980）．新版S-M社会生活能力検査　日本文化科学社

文部科学省（2003）．通常学級に在籍する特別な教育的支援を必要とする児童生徒に関する全国実態調査

Naglieri, J. A., & Das, J. P. (1997). *Das-Naglieri cognitive assessment system*. Itasca, IL: Riverside. (Naglieri, J. A., & Das, J. P.［著］／前川久男・中山　健・岡崎慎治［訳］（2007）．日本版DN-CAS認知評価システム―理論と解釈のためのハンドブック　日本文化科学社）

名越斉子・菊池けい子・服部由起子・宇佐美慧（2010）．旭出式社会適応スキル検査の作成と適用（1）：検査の概要と統計特性．日本LD学会大会発表論集, **19**, 368-369.

小田信夫・茂木茂八・安富利光・松原達哉（1969）．WPPSI知能診断検査　日本文化科学社

Terman, L. M., & Merrill, M. A. (1937). *Measuring intelligence*. Boston, MA: Houghton Mifflin.

辻井正次・行廣隆次・安達　潤・荻原　拓・内山登紀夫・小笠原恵ら（2011）．Vineland適応行動尺度日本版の標準化　平成22年度厚生労働科学研究費補助金障害者対策総合研究事業（精神障害分野）分担研究報告書

上野一彦・石岡恒憲（2011）．アメリカの学習障害者におけるSATおよびACTの受験について―発達障害者支援法に向けた我が国の公的テスト実施の指針として　大学入試研究ジャーナル　大学入試センター（21）pp.191-197.

上野一彦・海津亜希子・服部美佳子［編］（2005）．軽度発達障害の心理アセスメント：WISC-IIIの上手な利用と事例　日本文化科学社

Wechsler, D. (1939). *The measurement of adult intelligence*. Baltimore, MD: Williams & Wilkins.

コラム：アセスメント

副島賢和

「検査の結果がきたのですが……みていただけませんか？」

職員室でそう言われることが増えました。教育の場にも，ここ数年で「アセスメント」という言葉が使われるようになってきました。しかし，いろいろな「アセスメント」があるにもかかわらず，最近，教師が言うアセスメントとは，そのほとんどが WISC－Ⅲのデータとプロフィールです。伝えてくれた先生は，検査結果を有効に使って，そのデータをどのように理解し，どのような支援策を見出していくかというよりも，どちらかというと，データを持て余している感じがあることは否めませんでした。

「動作性って？」「言語性って？」「下位指標？」「ディスクレパンシー？？？」

スクールカウンセラーにたずねれば，すべての人が，直接指導に活かせるような子どもの認知特性を把握し，そのことを的確に応えてくれるでしょう。

現在多くの学校で，特別支援教育を進めるにあたり，学習補助員や介助員の申請や通級指導学級への入級に知能検査のデータを必要としているようです。たしかに検査は子どもたちの状態を把握し，支援の手だてを考えるうえで，大変有効です。具体的な支援の手立てが詳しく書かれている本も出ています。しかし，データの活かし方を学んでいる教師はそう多くはありません。特別支援教育コーディネーターと言われる人たちの中にも，どのように活かせばよいのか学んでいただく必要のある方が多くいます。どうして，せっかくのデータを活かそうとする教師が多くないのでしょうか。なぜかそこに見えない壁があるなあと感じます。なんのためのアセスメントなのだろうと感じます。

私たち教師は，子どもの発達を保障するために，子どもをみとるためのたくさんの視点をもつ必要があります。WISC－Ⅲや田中ビネー，K-ABC や CBCL などもその１つです。しかし，子どもをみとるための視点はそのようなテストだけでなく，普段の行動観察であったり，子どもたちへの面接であったりと多岐にわたります。１つの方法だけでなく，１人の見方だけでなく，いろいろな方法やいろいろな見方が必要でしょう。そしてなによりも忘れてはならないことは，私たちが行っていることは，その子の支援であるということです。検査結果としてのデータが出たとき，その子どもを見ていたはずなのにいつの間にかデータでその子を語ってしまうことがあります。どんな支援の手立てがあるかを考える会議で，診断がついたかどうかが大事にされる

場面に出くわすことがあります。検査結果の数字だけが独り歩きし，子どもをラベリングするためのデータだとしたら，たった一度の検査結果を後生大事にするのだとしたら，それはとてもこわいことです。何のためのアセスメントなのかを忘れてはならないと思います。

あわせて，ソーシャルスキル教育を考える場合は，個人だけでなく，学級に対しての継続的なアセスメントが必要になってきます。

また，そのデータを保護者に伝えることはとても困難です。一口に障害といっても，個々で大きく違いますし，「障害受容」ということは，本当に難しいものだと，改めて考えています。

ある学校の特別支援教育コーディネーターからお聞きした話です。「教師は簡単に『あの保護者は障害受容がまだできていないから…』と言うけど，他人の教師でさえ子どもの障害をしっかりと受けとめることが難しいのだから，保護者がわが子の可能性やご自分の夢を修正するのは，並大抵のことではないと感じています」と。

私たちは教師ですから，保護者がどのような心持ちでいるかを考えてかかわることは大切です。しかし，完全に保護者の立場になってしまったら，見えないことやできないことが出てくることも事実です。そこで，教師ができることは，いったい何なのでしょう。子どもとその家庭を支えるためにまずできることは，迷ったり苦しんだりしているその傍らにどっしりと腰を据えることではないでしょうか。そのうえで，アセスメントの結果を伝えるときは，必ず子どもの得意な面や伸びが見られる面から伝え，「お子さんのことを本気で考えています。だから伝えます。これからも，一緒に考えていきましょう」というメッセージを伝える必要があるのだろうと思います。

アセスメントはとられる側にも，とる側にもそれなりの負担があります。ですので，とりっぱなしはもちろん問題外ですが，子どもたちの役に立てられないアセスメントは意味がないでしょう。それぞれのアセスメントの特徴をしっかりと捉え，子どもの支援のために活かしていきたいと思うのです。

第 3 部

主要な問題への適用

第6章

ソーシャルスキル教育

霜村　麦・南川華奈 [1]
田中共子 [2]
南川華奈 [3]

[1] ソーシャルスキル教育

1　ソーシャルスキル教育とは

　ソーシャルスキル教育（Social Skills Education, 以下 SSE）とは，心理療法であったソーシャルスキルトレーニング（Social Skills Training, 以下 SST）を主に学級単位で実施できるようにアレンジした教育技法である。

　SST はウォルピの主張訓練法に端を発し，バンデューラのモデリング学習理論がその発展の基礎になっており，ソーシャルスキルの学習可能性に注目したことで多くの実践と研究が重ねられてきた。元来 SST は対人関係上の問題や集団不適応の問題を抱える者に対して，ソーシャルスキルの不足を補う，質を向上させるなどの訓練を通じて対人的な適応を促そうする心理療法である。SST は主に対人的な問題を抱える特定の個人や小集団に実施され，それらの有効性は数多くの研究によって明らかにされている（たとえば，佐藤ら, 2000）。その多くは医療や矯正領域等で行われていたもので，明確な課題を乗り越えるための必要なスキルを意識して実施されている。それに比して，SSE は学校不適応や問題行動の予防的介入として行うものであり，その方法も手続きも異なっている。

　では，治療や矯正という意図のもと，限られた範囲で実施されていた SST が，なぜ教育現場に導入されるようになったのか。それは，児童生徒の対人関係能力の不足によって起こる適応上の問題，たとえばいじめや不登校，キレる子ど

もの問題などが増加したためである。このような事態に対して学校ですべての子どもにソーシャルスキルの学習機会を意図的，計画的に提供し，ソーシャルスキルの不足から派生する問題を予防しようとする試みがなされるようになっていった。そこで開発されたのがSSEである。学級集団の中では教師という指導者のもとで多くの子どもを同時に指導できる。さらに日常場面での教師からの働きかけや生徒同士の相互作用など，社会的文脈に即したモデルの存在やスキルの定着化のために効果的な要素がそろっており，SSEを実施するメリットも多い。

2　ソーシャルスキル教育の定義

「ソーシャルスキル教育」という用語は小林・相川（1999）がその編著の中で「学校現場で児童生徒にソーシャルスキルを意図的に教えようという試み」として使用して以来頻繁に使用されているが，これまで明確な定義はなされていない。佐藤・金山（2006）は著書の中で子どもの社会性の発達に寄与しようという目的で行われる，集団SSTのことを指し示すとしている。実際のところ，効果的にソーシャルスキルを教える訓練技法がSSTであるので，現在集団SSTとSSEはほぼ同義で使用されることが多い。つまり，SSEとは広義には学校現場で児童生徒にソーシャルスキルを意図的に教えようという試みであり，狭義の意味では学級集団への集団SSTとして捉えられる。

加えて，江村ら（2003）はSSEの厳密な条件に触れており，これまでの多くの集団SSTが単発的に実施されていることを踏まえ，SSEたる所以には他の授業と同等に位置づけした長期的で体系的な実施が必要であるとしている。

さらに，ソーシャルスキルを効果的に維持するためには，訓練場面以外におけるソーシャルスキル遂行の手がかり刺激の提示と日常場面における強化随伴性の確保という2つの要因が重要であり（金山ら，2000），子どもにソーシャルスキルの遂行が見られた時，教師からのフィードバックや言語的賞賛が日常的に行われることも広義のSSEに含まれるだろう。

本章においてはSSEを広義の意味として捉えている。SSEとは子どもの発達を見据えた長期的な視野に立ち，ソーシャルスキル獲得を意識した日常的なかかわりを含めてこそ，と筆者は考えるからである。ただし，先行研究からの

引用部分においては集団SSTとして原文の記載になるべく近い形で残している個所もある。また，学級で行われるアンガーマネージメントプログラムやアサーション訓練は行動療法を基礎にもっており，SSEと重複部分の多い技法である。それらは「感情コントロール」や「主張性」のスキルをターゲットとしており広義のSSEに含まれるだろう。しかし，これらは他章にて詳細を割いているので，本章ではとりあげないこととした。

3　SSEの内容

それでは，実際にSSEは学校現場でどのような手順で行われているのだろうか。通常，SSEの手続きは以下のとおりである。

(1) 実施者（トレーナー）

学校現場でのSSEでは，通常，担任教諭および教科担当教諭が実施する場合が多い（たとえば，江村・岡安, 2003；藤枝・相川, 2001）。その他には，教育相談担当が実施する場合（飯田・石隈, 2001）や，SSEを専門的に研究している研究者や大学院生が講師として実施する場合，また教員や大学院生などが補助的な教員（サブトレーナー）として参加する形もある。いずれにせよ，学級についてのアセスメントおよび定着化の過程をきちんと行える立場にいる実施者が含まれていることが望ましいであろう。

(2) 実施場所

通常は，教室で行われることが多いが，中には，リハーサル等で動きが伴うことから，ある程度の広さのある多目的室，あるいは体育館などを使用することもあるだろう。いずれにせよ，生徒に獲得させようとするスキルによっても場所を選定しなければならない。たとえば「相手の話を聴くスキル」を生徒に獲得させようとする場合などは，適切な距離で，落ち着いて相手と話ができる教室などが向いているだろう。詳細は後述するが，SSEでは「フィードバック」の過程がとても重要となる。その際に，「学習カード」のような，当日の活動を振り返る補助教材を教員が使用する場合も多い。よって，落ち着いて活動を振り返ることができるような環境が整えられる場所であることも必要である。

(3) 実施時期

　SSE は，学校現場では主に授業時間に行われることが多い。その内容から，学級活動の時間や総合的な学習の時間（たとえば，藤枝・相川，2001；江村・岡安，2003）などで実施されることも多く，また「朝自習の時間」を利用する（金山ら，2000）例なども報告されている。

　実施時期は，その目的によっても異なる。先述した江村ら（2003）の指摘のように，SSE が，長期的で体系的な実施が必要であるとするならば，担任教諭が学級にどのようなスキルをどのような順番で身につけさせていくのかを年間通して考えなければならないだろう。また実施時期については，対象者の学年，発達課題にも考慮しなければならない。しかし，どの学年にどのスキルが適しているのか，というはっきりとした指針はまだないのが現状である。

(4) アセスメント

　SSE を実施しようと考えた時に，実施者（主には担任教諭）は学級の課題を探り，生徒がどのようなスキルをどの程度獲得し，遂行しているかについて把握しておく必要がある。この過程をアセスメント（査定）と呼ぶ。

　アセスメントを十分に行ったうえで，今学級において身につけるべきスキルが何かを吟味していかなければならない。この，生徒が獲得すべきスキルのことを「ターゲットスキル」と呼ぶが，ターゲットスキルの選定過程は，SSE の効果に大きな影響を与える。詳しいアセスメント法については，後述したい。

(5) プログラムの内容

　SSE は，通常一連のプロセスに則って展開される。それは，「インストラクション」「モデリング」「リハーサル」「フィードバック」「定着化」から構成されている。

　①インストラクション　　言語的教示のことであり，これから教えようとしているソーシャルスキルについての情報を伝達する。教える中身は，対人行動の基本的な心構え，対人場面での具体的なふるまい方，対人関係の中で機能している社会的ルールなどについてである。具体的には，これから教えようとす

るスキルがなぜ必要とされるのか，スキルが不足，欠如していることはどのような問題を生むのかを一緒に考え，子どもたちが主体的に考えられるよう工夫する。また，適切な行動例と反証例などを提示してもよいし，「学習カード」などの補助教材を利用してもよい。逆にとくに言語的な教示をせずにリハーサル（後述）を行うことによって，身体で感じるソーシャルスキルへの興味，動機づけを高めるように工夫してもよい。

②モデリング　教えようとするスキルのモデルを示し，それを観察させ，模倣させることである。モデルは実施者（トレーナー），生徒のどちらが行ってもよい。また，写真やテレビやビデオの登場人物をモデルとすることも可能である。モデルを示して，どこが適切なのか，意見を出させたり，話を合わせたりすることもモデリングに含まれる。

　モデリングの手法としては，ロールプレイ（役割演技）を用いることが多い。ロールプレイをすることは，とくに中学生以上の年代にとっては照れや恥の気持ちが生じ，積極的に行うことができないことも考えられるため，実施者との十分なラポールが形成されていることが望ましい。

③リハーサル　インストラクションやモデリングで示した適切なスキルを生徒の頭の中，あるいは実際の行動で繰り返し反復させることである。

　リハーサルは大きく分けて言語リハーサルと行動リハーサルの2つがある。言語リハーサルとは，対人関係に関する知識を言語的に反復させ，記憶の定着を促す手法である。また，行動リハーサルとは，ロールプレイなどを用いて，実際に同じ行動を改善を加えながら繰り返す手法である。

④フィードバック　子どもがインストラクションに従って実行した行動や，モデリングやリハーサルで示した行動に対して，適切である場合に褒め，不適切である場合には修正を加えることである。フィードバックは，子どもたちがスキルを遂行してみようとする動機を高める機能を果たす。

　トレーナーのほかに補助トレーナーが参加している場合などは，とくにリハーサル場面でうまくスキルを遂行することができていない生徒に対して，積極

第3部　主要な問題への適用

表6-1　ソーシャルスキルの測定法

		評定者	概　要	長　所	短　所
他者評定による測定	①ソシオメトリックテスト	仲間	学級の集団成員が互いにどのような感情をもっているのかに焦点を当てて、集団内の対人関係や地位を測定する。仲間からの指名の程度が、ソーシャルスキルの程度を反映しているとみなされる。	・多くの研究において信頼性と妥当性が確認されている	・年齢の高い児童におけるSSEの有効性を評価するには使用できない ・ソーシャルスキルの指標ではなく、人気の指標とも考えられる
	②ゲス・フー・テスト	仲間	ソーシャルスキルを具体的に表す行動特徴を記述した文章に当てはまる仲間を指名させる方法。ソシオメトリックテストが仲間への好みを判断させるのに対して、これは仲間の行動特徴を判断させるものである。	・ソシオメトリックテストと違い、日常的な行動についての仲間からの診断である	・信頼性や妥当性についての報告がなされていない
	③仲間評定法	仲間	クラス全員の名簿を使用するなどして、それぞれのクラスメートをソーシャルスキルの観点から評定させていく方法である。	・日常的に相互作用している仲間からの評価を知ることができ、その他の方法に比して社会的妥当性が高い	・信頼性が低い ・回答する生徒の負担が大きい
	④評定尺度法	専門家（主に教師）	生徒の日常の言動を知る担任教師などが、信頼性・妥当性の確認されている評定尺度を用いて評定する方法である。	・スクリーニングに有効 ・経済的、時間的に効率的 ・広い項目について定量化できる ・治療の結果測定に副次的に利用できる ・多くの研究で信頼性と妥当性が確認されている	・測定者の経験不足や評価する項目への理解不足、日常の関係性におけるバイアス等により、該当する子どもを見逃す恐れがある
	⑤自然観察法		教室や校庭など、子どもたちにとって自然な環境の中で、ソーシャルスキルの程度を直接、観察する方法である。あらかじめ観察すべき行動を操作的に定義し、コーディング・カテゴリーやチェックリストを用意しておく必要がある。	・子どものソーシャルスキルの表面的妥当性が最も高い ・どのような場面も観察対象となりうる ・アセスメントの結果をすぐに指導に結びつけられる ・質問紙では得られない情報を得ることができる	・アセスメントが複雑である ・社会的妥当性に疑問が残る

			説明	利点	欠点
他者評定による測定	⑥ロールプレイング法	専門家	模擬場面を提示し，そこでの対人関係を実際に演じさせ，その結果を一定の手続きに従って得点化し，ソーシャルスキルの程度を測る方法である。模擬場面としては，対人葛藤や主張性を要求される場面が用いられる。模擬場面の提示には，文章や言葉のほかにビデオを用いたものである。	・自然環境では生じにくい重要な社会的行動を意図的に提示しアセスメントできる ・自然観察によるデータ収集よりはるかに経済的 ・ソーシャルスキルに関する知識より現実の行動をアセスメントできる ・ソーシャルスキルの中のノンバーバルな面等細かな部分をアセスメントできる	・自然な相互作用ではない ・信頼性・外的妥当性・社会的妥当性に問題がある ・場面の違いや性差等アセスメントに際して影響要因が多い ・ソーシャルスキルに関する行動を定量化しにくい
自己評定法による測定	①自己評定尺度		信頼性と妥当性が検討されており，ソーシャルスキルに関する自己評定用の尺度を用いる方法である。	・集団実施が可能でデータ収集しやすい ・SSEのターゲットスキルとすべきソーシャルスキルが明らかになる ・SSEの有効性を評価するのに適する	・主観的で基準関連妥当性に欠ける
	②自己監視法		日常の出来事を子どもに記録させる方法。対人場面が生じた日時，相手，状況，それに対する当人の印象などを記録させる。一定の形式の「ホームワーク」として手渡す場合が多い。この記録を分析してソーシャルスキルの程度を測定する。	・長時間にわたる行動を明らかにすることができる	・主観的で基準関連妥当性に欠ける

的にフィードバックを行うとよい。その際，否定的な表現は避け，さらにうまくするためにどのようにすればよいかを伝えるなどして，肯定的な言い方を心がけた方がよい。

⑤定着化　　教えたスキルが日常場面で実践されるよう促すことである。学術的には般化と呼ばれる。学級で教えたスキルが，家庭や地域社会でも使われたり，クラスメートを相手に覚えたスキルが，クラスメート以外の友達やきょうだい，大人に対しても使われるようになることである。そのために，言語的教示を与えたり，一定の目標を設定した課題を与えたりする。具体的な手法と

しては，教えたスキルを機会あるごとに思い出させる，教えたスキルがどんな日常場面で使えるかを考えさせる，宿題を出して教室以外の対人行動を記録させるなどである。

　SSE の場合，トレーナーが担任教諭である場合が多いため，日常生活の中でうまくスキルを遂行している場面を見つけて褒めたり，うまく遂行できない場合には，支援をすることができるのが利点であろう。担任教諭自身が，問題点に気づき，SSE 後の生徒の変化に目を向けることが大切である。この日常的な援助の積み重ねこそが SSE を特徴づけるものでもあろう。

4　SSE 実施のためのアセスメントについて

　教育現場で実施される SSE なればこその査定にまつわる敏感さもはらんでいる。しかしながら，SSE を効率的に行うためには，実際に子どもにどのような種類のスキルが欠如しているのかを正確に査定する必要がある。
　ソーシャルスキルの測定方法にはさまざまなものがあり，それぞれに長所短所がある。各方法をよく吟味し目的に応じて使用するとともに，複数の組み合わせによりアセスメントすべきである。ここでは，ソーシャルスキルの測定法を，相川（1999）と小野寺・河村（2003）の分類をもとに表 6-1 にまとめた。

5　アセスメントに関する課題

　教育現場とは厳密なアセスメントがなじまず，また厳密な条件統制も難しい現場である。それゆえ SSE 研究の当初からアセスメントに関する課題が多く指摘されてきた。測定方法・測定尺度そのものの洗練化という課題と，効果の測定・ターゲットスキル選定という機能的側面にまつわる課題である。

(1) 測定方法について

　生徒による自己評定や教師評定は実施方法が簡便であり，多忙な教育現場でも実施しやすい利点から多くの研究で多用されている（たとえば，金山ら，2000；藤枝・相川，2001；江村・岡安，2003）。しかし，その属性によって，「社会的望ましさ」や「期待効果」などのバイアスがかかる可能性があり，より社会

的妥当性が高い方法として仲間評定や第三者による行動観察が望ましいとされる（相川, 2009）。藤枝（2006）は，効果の検証のために自己評定・教師評定に加えて仲間評定と保護者評定を実施している。また，本田ら（2009）は，ターゲットスキルの自己評定・教師評定・仲間評定を実施している。どちらの研究も評定者間の結果に違いが生じているが，妥当性が高いとされる仲間評定においては，いずれも SSE の効果がみられている。しかし各研究で使用されているいずれの評定尺度も，学会誌レベルで標準化の手続きを経たものはなく，尺度の洗練化は焦眉の急である。

これらの問題を避けるために，金山ら（2004）は，第三者による行動観察測定やロールプレイ法などを提唱している。また，渡辺・山本（2003）の無作為に抽出した生徒の録画映像を見ながら独立に評定するといった方法も参考になるだろう。

(2) 効果の測定について

SSE の厳密な効果を測定するためには統制群の設置が望まれる。しかし，統制群にも研究終了後に同じプログラム実施するなどの倫理的配慮が必要であろう。加えて，子どもを取り巻く環境は SSE を実施したか否かの違い以外にも多数あると想定でき，子どもの社会性を育む要因を厳密に規定することは非常に難しい。たとえば「担任の違い」や「学級カラーの違い」なども本来ならば余剰変数として統制されるべき（宮前, 2006）とする意見もあるが，これらを採用すると実験計画の実現性は限りなく低くなってしまうだろう。

この課題への新たな試みとして，金山ら（2003a）は一事例実験デザインの1つである行動間多層ベースラインデザインをクラス集団に適用して集団SSTの効果を測定するという方法を用いている。

(3) ターゲットスキルの選定について

SSE において獲得すべきであるスキル（ターゲットスキル）の選定方法は，教育上意義があると思われるスキルを教員や専門家らが協議によって選ぶ方法が主である（たとえば，石川・小林, 1998；後藤ら, 2001；江村・岡安, 2003）。この場合，訓練対象児の発達段階に合致したソーシャルスキルがターゲットス

キルとして選択されるかどうかが訓練効果を生み出す重要な要因である。藤枝・相川（2001）や藤枝（2006）は，児童のニーズと教師が選定したターゲットスキルとの不一致が生じている場合，期待した集団 SST の効果が見られない可能性があることを指摘している。

客観的な指標を用いて，ターゲットスキルを選定している研究には，本田ら（2009）の研究があげられる。本田らは，SSE 実施の前に生徒と教師にニーズ調査を行い，SSE 実施への生徒らの動機づけを高めることでスキル獲得への効果が高まったと指摘している。しかし，ソーシャルスキルの発達段階については明確な基準がなく，また，ソーシャルスキルの個人差は大きいことも事実である。これらは学級という集団を扱うゆえの課題であるが，たとえば南川（2006）のように生徒のソーシャルスキル遂行度を得点化し，同学年集団と比較する方法もあろう。この研究では，中学生を対象にターゲットスキル選定のための，学年に応じた各学級のソーシャルスキル特性を表しえる「ソーシャルスキル特性図 SSCF（social skills characteristic figure）」を作成している。これは，ソーシャルスキル尺度評定の結果から，各学級のソーシャルスキル遂行度を因子（下位スキル）ごとにとらえやすいものにするために，学年に対する各学級の標準得点を棒グラフで示したものである。また，各学級の平均値および各学年の平均値を折れ線グラフで示している。棒グラフが下向きに表示されているものは，各学年に比してソーシャル・スキルが十分に遂行されていない学級であると言え，逆に上向きに表示されているものは，学年に比してソーシャルスキルが遂行されている学級と言える。これを利用した研究を次項で紹介するので，興味がある方は参照していただきたい。

6　実践研究に見る SSE の効果

SSE の効果については，ソーシャルスキルの習得度と，社会的適応の 2 つの側面から検討されている。

(1) ソーシャルスキルの習得度

ソーシャルスキルの尺度を用いて，自己評定や教師評定，仲間評定によってその習得度が報告されている（たとえば，藤枝・相川，2001；後藤ら，2001；飯

田・石隈, 2001；本田ら, 2009）。よく使用されている尺度は「小学生用社会的スキル尺度」（嶋田ら, 1996）や「中学生用社会的スキル尺度」（戸ヶ崎ら, 1997）であり，SSE の効果として向社会的スキルや向社会性の向上に関する報告が多くなっている（たとえば，藤枝・相川, 2001；後藤ら, 2001；渡辺・山本, 2003）。ただし，前述したように研究間での評定方法や使用尺度の違いなどもあり，共通したソーシャルスキルの側面が測定されているかという課題が残されていることも念頭に置いておくべきである。

(2) 社会的適応の改善

　SSE 本来の目的は，ソーシャルスキルの向上に伴う社会的適応の向上にあり，主に主観的適応と対人関係の側面からその効果が検討されている。

　主観的適応状態の改善がみられた研究として，孤独感の低減（金山ら, 2000；江村・岡安, 2003）や，学校ストレッサーとストレス反応の低減，ソーシャルサポート知覚の増加，不登校傾向の改善（江村・岡安, 2003），自尊感情の向上（渡辺・山本, 2003），学級満足度尺度の上昇（金山ら, 2003；本田ら, 2009）に関する報告がある。また，佐藤ら（2009）は抑うつに対する認知行動療法プログラムの一端として集団 SST を実施し，臨床的指標（CDI：Kovacs, 1981；DSRS：Birleson, 1981）の改善などを報告している。

　対人関係の良好化についての研究には友人からのサポート知覚の上昇（江村・岡安, 2003）や，訓練児同士の好意性評価が向上するといった報告（後藤ら, 2001）がある。また小泉・若杉（2006）は，小学校 2 年生の多動傾向のある男児への個別対応に加えて在籍学級への集団 SST を実施し，男児のソシオメトリックテストの社会測定地位指数得点などが上昇したことを報告している。

　以上のような研究において，ソーシャルスキルの効果的な習得には集団 SST を実施するだけでなく，ソーシャルスキルを意識した教師の日常的援助や保護者らとの連携した援助活動の有効性も確認されており，その効果は臨床症状も含めた適応指標の向上や三次的援助としての可能性にまで報告が及んでいる。これらは今後教育的価値のある結果として SSE 普及をさらに後押しする役目を果たしていくだろう。

　最後になるが，これらの実践研究は小学校に比して，中学校での報告が非常

に少ないのが現状である。授業時数の多さや教科担任制などがその理由となろう。しかし，中学生の時期は対人関係の不調に起因する不登校やいじめなどの問題が急増する時期である。義務教育最終機関である中学校においても，さらなる SSE への取り組みが期待される。

2 ソーシャルスキル教育研究の課題

1 ソーシャルスキル教育の普及と課題の変遷

　ソーシャルスキル教育の普及は近年かなり進んでおり，山にたとえるなら山頂は高く，裾野は広く，地盤は高密度になってきた。「普及」とは，実施する「数」が増え，適用の「対象」が拡大し，実施の「方法」の工夫・精緻化が進んだことを意味する。量の変化は質の変化をもたらすので，ソーシャルスキル教育自体も変革を遂げるし，課題も変遷していく。

　ソーシャルスキル教育研究にかかわる者は，適用の問題と内容の問題という，スキル教育のいわば外側と内側の問題に向き合うだろう。前者はどのプログラムを使い，運用技能をどこで身につけるかといった実施の準備や，学校でどう機会づくりをするかという実施体制の問題が含まれる。現場にスキル教育を届けるため，こうした実施環境の整備は熱心に取り組まれて，調整や克服がなされてきた。しかし後者である内容自体の問題は，教育として何をするかという問いであり，この問いは深い。スキル教育の実施の努力に加えて，内容までも問い続けることは容易ではないが，本節ではそこを含めて考えてみたい。

2 ソーシャルスキル教育研究は何を目標とし何を測定しているか

　ソーシャルスキルの教育においては，実践の広まりと歩調を合わせて，研究報告も増加している。研究として成り立たせようと思えば，研究パラダイムを設定することになる。何を操作の目標として設定し，何を測定し効果として提示するかを考える。何が使われているか，相川ら（2009）にある実践研究を例に眺めてみよう。

　幼稚園や小学校におけるスキル教育で，児童・生徒に有用と考えられるスキルが指導された佐藤の例では，スキルの獲得度合いが測定されており，習得と

第6章　ソーシャルスキル教育

実施のための技術的進歩に工夫が施されている。抑うつや環境移行事態における問題数の低下といった、現実問題への効果が期待されている。次に中学校での集団 SST に関する宮前の報告では、SST による適応や不登校解消が期待され、本人の孤独感や適応感の向上を効果とみる観点から、生徒の主観が測定されている。特別支援教育として発達障害をもつ子どもへの適用を紹介した小貫の例では、小集団体制がとられて個別指導が行われ、問題視される現実場面で必要となるスキルが指導されている。障害に伴う問題を鑑み、不足するスキルや望ましいスキルが選ばれている。スキル獲得は社会性に効果ありとの想定で行われており、現実問題の解消と社会的な成功体験の獲得が期待されている。最後に保護者と子どもに対して、予防的な意図からかかわる立元の例では、親にはペアレントトレーニングとして養育スキルが指導され、子どもには親を通じて社会的行動が指導されている。ソーシャルスキル以外の指導も組み込まれており、親のストレスの低減、子どもの望ましい行動や困った行動の増減が測定されている。全プログラムを通して、親子関係の改善が期待されている。

研究を「効果測定付きの報告」と考えるなら、上記で測定して報告された変数はさまざまである。起こしたい変化は微視的にはソーシャルスキルの向上、最終的には問題や障害の解消、中間的には認知・行動・感情レベルへの波及的改善であったりする。関係性、社会性、問題性の改善などは目標ではあっても、期待されるそれらが直接的に操作されたり測られたりするとは限らない。最終効果までの作用機序や内的過程は、必ずしも追求されないし、スキル獲得の効果は、いわば自明視されているのである。スキルの獲得が確認できれば、現実的な狙いが果たされたかどうかは必ずしも確かめられず、研究報告は成立している。要するに、最終目標視されるものに対して、測定と報告が必須とされることなく研究が成り立つ点は、興味深い。

こう見てくると、ある研究で何をスキルの効果とみるかは、およそ二分できよう。「①期待型」の研究は、上記のようにスキルで現実の何らかの改善を期待はするが、その改善を直接的な測定対象とはしない。スキル獲得の効果は、研究上の立場ないしは想定としての「仮説」である。ターゲットスキルは、理論的想定やスキル不足の調査からの示唆に基づいて、実施者が任意に設定している。測定値には行動の頻度、付随的な認知などが使われている。一方「②確認

型」の研究は，スキル学習後の改善を，観察，調査，自己評定などで直接測定する。厳密に言うなら，部分的な関連要因の変化を把握する「②‐1途中確認型」と，問題の解消など目指す最終状況までを測る「②‐2最終確認型」に，分けてもよいかもしれない。

　研究で「効果があった」という場合，測定された従属変数の変化がしばしば報告されるので，従属変数を分類してみてもよいだろう。大きくまとめて，「①ソーシャルスキル自体」の獲得や向上や維持，「②問題性自体」の解決や低減や回避，「③問題の維持や発生に関連する肯定的・否定的要素」の増減の3つがあるように思われる。③はさらに「③‐1現存する問題発生に関わる要素の改善」と「③‐2潜在的能力の拡大，望ましいとされる状態の増幅」を含んでいよう。

　①のスキル自体が従属変数になる場合には，スキルの使用頻度の増加や上達度合いが，肯定的な結果とみなされる。パフォーマンスが自己報告や観察者の報告によってモニターされ，実験室場面や教室場面や日常場面での出現頻度，スキルの自己評価や自己効力感や自信などが評定される。②の問題自体が従属変数の場合には，問題発生の有から無ないしは大から小への変化が示される。プレ－ポスト，対照群－実施群，通常状態－介入状態などが対比され，客観的指標を観測した数値，事態の発生数などが報告される。③の関連要素が従属変数の場合には，認知や行動がさまざまな次元で把握され，攻撃的行動などの望ましくない行動の減少，協調的行動などの望ましい行動の増加や獲得，会話や喧嘩といった相互作用の頻度の増減や回数の増減などが数えられる。孤立感の低下，自尊感情の向上，サポートの増加，ストレスレベルや自己評価などの認知成分も測定される。中には，現存する問題の一因，ないしは問題性の増幅を促す要素を操作する場合（②‐1）と，潜在的な能力を高めて，まだ存在しない問題の将来的発生を防ぐ場合（②‐2）の2つの視点が含まれる。③を操作しつつ②の効果も狙うなど，1つの研究での併存もありえる。

　注目しておきたいことは，上記の「スキルの獲得のみを実験的に目指す場合」「日常状態での好ましさ増大や潜在的能力の拡大・向上を目指す場合」「問題性の改善までを目指す場合」は，この順に社会性と現実性を意識する度合いが強まっていくことである。

3　現場の問題の解決・改善・防止のためのスキル教育

　社会の中の現象に注目して，その変容を目指すのだとしたら，そこにスキル教育でアプローチして成果をあげるやり方とは何か。成果とはこの場合，スキルの上達だけ確認して後は仮説と期待に任せる，という意味ではない。本当に現場の問題の解決，改善，防止などの変化を起こすという意味である。その場合は効果の作用機序がきちんと発現していくよう，現場の諸条件を見渡して逆効果になる要因や拮抗する要因，効果を打ち消す要因を排除したり，サポーティブな周辺的条件を整えたりしたくなるのではないか。スキルの効果として解釈したくても，直接効果である保証はなく，他要因との相乗効果や間接効果かもしれない。そうなれば効き方のメカニズムも気になってくる。現場での影響の出方は実験室ほど単純でなく，複数の経路と複数の影響関係がからみあう，複雑系からの結果的な出力が見えるだけである。最終的効果とされるものを測定しない場合，スキル教育のインパクトは実は未詳で，発現過程の確保は不確かとも言える。

　教育的あるいは教育臨床的な問題には，現にさまざまなアプローチが存在するが，手法間の効果比較は必ずしも存在しない。スキル教育が行われていても，最も効果的だから実施したというより，実施者の経験や信念で選んだだけという場合もあろう。その問題にスキル教育が最適かどうかが必ずしも調べられていないなら，他にも複数のアプローチが有効かもしれないし，より能率的な方法もあるかもしれない。図6-1は，現実へのスキルの関与のイメージ図である。要素が絡まり合って問題が生じている時，スキルがその一部だけにかかわるなら，影響範囲は斜線部分のみとなる。現実の現象に占めるスキルの影響範囲や影響力は，もしかしたら部分的かもしれない可能性が考えられる。

　現場で特定の手法の影響力がなかなか定まらない理由は，「現場性」にあると言える。それは「多要因」で，複雑，複合的，多元的，多要素で，単一要因ではなくて剰余変数が多い。そして「変動性」があり，可変，連続的，流動的，動的であって，静止的でなく，変化する現象である。さらに「関連性」があって，相互性，呼応性，連鎖性をもち，一方向でない，かかわり合う現象が生起している。現実とは，こういう条件の中で展開する出来事を指している。だから単一パラダイムでは操作しきれなかったり，原因と結果の単純な因果論で限界が

第3部　主要な問題への適用

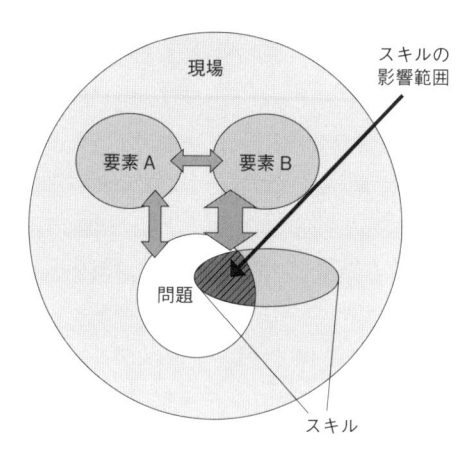

図6-1　現実問題におけるスキルの関与のイメージ

生じたりしても不思議ではない。介入の現場での有効性を保証するには，臨床社会心理学の発想では「学際性，学融性」と「統合性，総合性」（田中・上野，2003）をかんがみることが必要と指摘されている。この着想は，臨床問題に社会心理の理論はどこまで有効か，理論をどのように使えば問題解決にとって有用なものにできるか，という問いへの1つの解として示されている。スキルの教育は，社会心理の理論を現実に生かしたというルーツをもち，臨床の技法を広範囲の問題に適用している点で，臨床社会心理学の主題に含まれよう。現実問題に適用しても，限界に出会ったとしたら，最初に注目した理論や手法に限定されず，他の方法と併せて広い視野で融通を利かせて取り組む方が，実際の効果を得る可能性が高まるというのが，その示唆である。

　実際の教育現場にいる人は，「現実の問題は，何か一つだけの手法や視点できれいに解決できることは，少ないかもしれない」という感触をもっているのではないだろうか。スキルで片の付く問題は少ないかもしれない，スキルより効果的なものもあるかもしれない，他のことも併用した方がいいかもしれない，むしろ他がいいかもしれない，別のことがやりやすかったりコストが低かったりもするかもしれない，と感じても不思議ではない。先の実践例の中でも，スキル教育を他と組み合わせて教育プログラム化した例がみられる。

　スキル教育をもって「現実の問題」に取り組み，研究にしようと思うならば，

スキル教育をどう使うかという点で，選択肢が浮上する。まず，既存のスキル教育に想定された原理・原則を守り，その技術的完成度をあげて，何がどこまでできるか挑戦するやり方が考えられる。技法のレベルアップで，いわばテクニシャンとして問題解決を試みる。従来のスキル教育で独自に設けられた概念と，想定された研究手法の枠組み内で適用を進め，精緻化に努める方向性なので，「①限定」としておく。効果が出やすい現象をうまく選び，そこに適用していくのが，研究を成り立たせるコツだろう。それに対し，スキル教育の概念を拡大したり一部だけ使ったり，変質させていったりして効果の最大化を狙う発想もありえる。これは手法より現場の問題の方を中心に据えて，柔軟な対応を考案していく，いわば開拓者の姿勢と言える。スキル教育自体を変質させる可能性があるので，「②改変」と呼んでおこう。現場の問題改善を重視して，手法の方を変えてよいとみる立場である。さらに第三の発想もある。スキル教育と他のアプローチを組み合わせる，「③組み合わせ」も可能だ。スキル教育自体を変えずとも，その特色を生かして，他と補い合って，幅広い効果を創り出そうとするものである。複数のアプローチを使うので，相互作用や相乗効果も期待できるかもしれない。この場合は，全体を統括する大きな枠組みを用意し，スキル教育をその中に位置づけて使う必要がある。アプローチの取捨選択，優先順位，実施順序なども一考を要する。複数手法を併せる場合は，「分担−連携−融合」のどのレベルか，つまりモザイク状の組み合わせか，関連性をもたせて並行実施か，手法を混ぜ合わせるのか考えておきたい。さらには併せた時の作用過程の解明や制御方法なども検討を要する。

　参考までに，「組み合わせ」利用の例をあげておこう。表6-2は，異文化間教育の文脈でソーシャルスキルを学ぶ「異文化間ソーシャルスキル学習」の位置づけを示す（田中・中島, 2006）。AUC-GS学習モデルという枠組みを想定したうえで，異文化接触に役立つソーシャルスキルの学習をCSセルに位置づける。教育的営みの焦点は6セルに分かれ，該当する教育策を適宜組み合わせれば，臨床の治療パッケージのように教育パッケージを組める。すべてをカバーしてシリーズで実施すれば，文化的気づきを得てから，異文化接触の心理的力動を理解して，最後に具体的な対応方法であるスキルを学べる。つまり認知的な準備を整えてから最終的な行動レベルの対策を練習すると言う，異文化接触

表 6-2 異文化間教育におけるソーシャルスキル学習の位置づけ

レベル 段階	Culture General 文化一般	Culture Specific 文化特定
Awareness 気づき	AG 異文化の存在への気づき	AS 自文化を含む特定文化の存在や影響への気づき
Understanding 理解	UG 異文化接触一般の現象についての知識と理解	US 特定文化とそこでの文化的適応・不適応現象の理解
Coping 対処	CG 異文化接触一般に求められる対応の仕方の原則	CS 特定文化の文化的特徴に対応した認知と行動

田中・中島（2006）より。文化特異的（S）な要素と文化特定的（G）な要素を含み，気づき（A）から理解（U），対処（C）へと進める，異文化間教育の枠組み。異文化間ソーシャルスキル学習は，文化特定レベル・対処段階の CS セルに関係が深い。

のための一連の心理教育が構成できる。異文化適応の支援策としては，スキル学習を単独で実施することも可能だが，パッケージ実施の方が総合的な効果が得られやすいのではないかという着想が背景にある。

4 ソーシャルスキル教育におけるモデルの変遷

　ソーシャルスキル教育の普及につれて，病理圏に該当しなくても社会的適応性に困難があるケースに，あるいはそれすらなくとも対人的な社会性を増強したい場合に，スキル教育を使ってみる例が出てきた。いわば適用範囲が拡大したわけだが，それに伴い治療技法として使われていた頃の想定を，何かと離れてきている部分があるように思われる。

　出発点は「①医学モデル」にあるが，これは疾患を治す治療モデルである。病的な状態の解消や治癒，寛解を目指して使われる。例としては，統合失調症の社会的技能訓練がよく知られていよう。次に「②教育臨床モデル」への拡大がみられる。これは矯正モデルであり，トラブルを意識した問題解決モデルである。障害や困難の存在が前提にあり，より適切な方向に対応を変化させて問題性を緩和しようとして指導が行われる。非行少年の社会性向上のためのスキル教育などが該当するだろう。社会性が不十分となる原因はさまざまでも，結果的に対人行動が変容すれば，問題性は減少すると考える。これは根本的な対応というより，行動面への介入で好転を誘う発想であり，そのために行動レパ

ートリーの増加が計られる。結果的に困難が解消されれば，波及的に物事が滑らかに進行し，二次障害も防げるとの循環論的な期待がある。最後に「③教育モデル」への展開が起きるが，これは開発モデルや予防モデルの考え方であり，能力の伸張や涵養を目指す。本人に付加価値を付けたり，より有利に物事を運ぶ力を養う意図でスキル教育が行われる。普通学級の凝集性を高める集団SSTや，異文化接触の力をつける異文化間ソーシャルスキル学習，保健医療福祉領域の連携スキルや高齢者対応スキル（吉備国際大学教育GP推進室，2009）などがこれにあたるだろう。

　上記の3モデルの間には，「問題性レベルの差」「測定する変数の差」「変化を把握する方法の差」が存在する。つまりモデルの変遷に伴って，パラダイム変容が起きていることを指摘できるだろう。問題性は①②③の順に薄くなり，測定する変数は，観察や測定が明確な病理現象を離れていき，現存する特定の問題や，個別の症状を数えることは少なくなる。むしろ好ましさの増大や状況の好転，能力の拡大や向上という，ポジティブサイコロジーの視点に力点を移し，治療や修正より潜在能力の涵養や主観の肯定的な変容に力点が置かれていく。そうなると，明確な問題をアプローチの対象として想定しない分，従属変数は日常生活に紛れ込み，他の影響からの効果の分離や測定はより難しくなる。スキル実施の影響の把握は微妙となり，問題発生が可能性でしかないものを予防するための教育の効果は，すぐには実証できず，スキル実施の機会がまだない段階での行動能力の評定も難しい。なお教育臨床は問題性が濃い現象を扱うので，治療に近い発想も馴染む面があるが，臨床色が薄くなって教育的な能力開発の文脈が強まるほど，医療モデルとは離れていく。問題は，スキル指南にまつわる発想が，医療モデル時代を必ずしも抜けきっていないことかもしれない。指導技法は適用できても，測定や評価などは微妙にずれを含んでゆく。しかし，日常に浸潤した測定しづらい目標ではなく，測定しやすい測度を測ってしまう。変えるのはスキル自体で十分と考えれば，そこまでで研究になったとみなされ，目標と操作と測定はより乖離しやすくなる。

　こうしたパラダイム変容は，教育現場でスキルの獲得指導をしていくことに付随した宿命的な変化と考えられる。「教育現場＝教育モデル＋現場性」，すなわち教育モデルの下で，現場性を考慮した実践をもって教育現場での営みとみ

なすなら，ソーシャルスキル教育の目指すものもそうして捉え直すことで，従来モデルを越えて，進むべき方向が見えてくるかもしれない。

5　スキル教育研究における8つの課題

　薬効研究では特定の薬物単独での効果を測るが，実際の治療では複数の薬品を併用して治療効果を高めようとすることはめずらしくない。スキル教育研究は，スキル教育単独で実施してスキル操作自体の研究をするのか，教育問題の解決をスキルを含む複数の手法で実現したいのか。実践研究は，研究者の選択次第で何をどうするかが決められる。最後に，「スキル教育研究の課題」を具体的に8個あげたい。自分のスキル教育研究でこれらを問えば，課題を整理して方向を認識しやすいのではないかと思う。

　まずスキル教育の完成度を高めるための基本の問いとしては，3個思いつく。「①指導の技術的洗練」は，般化や維持の促進，スキルの詳細化，対象者とのマッチング，ターゲット現象の拡大，行動の選択や判断に伴う認知能力の解明などを進めることで，自分はどこが工夫できたかと考えてみることである。次に，スキルの指導が成立しても，効果が観察され確実に測定されなければ科学的な報告には至らないので，「②効果の測定方法の充実」も問いたい。主観レベルや客観レベルでの測定ツール，測定の精度，測定の時期や機会などを工夫していくことになるし，認知や感情の評定や行動レベルでの測定，個人単位や集団単位の実施，主観的評価や客観的評価，縦断パラダイムやフォローアップなどが探求されるだろう。そして「③ソーシャルスキル指導の制度的定着」は，事業プロデュース，授業としての枠組み，学校システム，実施環境の調整など，実施体制の整備を問うことであり，教育経営との関連も深い問いである。

　現実への適用性を高める問いとしては，次の2つを考えてみてはどうだろう。現実の中で発生している問題そのものにアプローチするなら，「④現実的な要素の研究への取り込み」はどう行っているか。「⑤医療モデルから教育モデルへの調整」は，自らの取り組みの中で，どこに見出されるか。ソーシャルスキル教育のアイデンティティをめぐる問いとして，今後自分の取り組みの中で「⑥"改変，限定，組み合わせ"」の3つのうち，どれをどのように使いたいか。スキル教育の原型のアレンジや，他の手法とのコラボレーション，パッケ

ージによる複合的実践，総合的な教育枠組みの探索などが考えられるが，中でも「組み合わせ」や「改変」タイプの適用は，創造的な提案に結びつくかもしれない。

　他に，スキル教育の普及につれて社会的側面や学問的還元も問われ始めていることに鑑みて，以下の問いもあげたい。まず，自分のソーシャルスキル教育のスタンスとして，「⑦スキル教育の，教育全体の中に占める位置」を考えてみることである。スキル教育では何ができて何ができないか，できても能率が悪かったり障害がある場合をどう把握し，たくさんの教育手法からどのような選択をしていくのか。おそらく現場に浸透していくほど，総合的な教育指導の中での位置づけを問われていくと思われる。教育的スタンスを問うには，もう1つ，「⑧スキル教育の規範性」をどう捉えるか，という問いもある。社会性を問う視点として，スキルやその教育の正当性と妥当性の評価はどうか。スキル教育に寄せられる疑念の中には，スキル教育は発見と自習の機会を奪うのではないか，学びの過程を阻害するのではないか，行動の選択肢を消滅させてはいないか，逸脱のもつ豊かさを削いでいるのではないかというのもある。何は教えるべきで何は教えないべきか，どう弁別するのか。学習に従事する本人の意志は，どう査定するのか。意志に反して何かをさせられると警戒するスキル教育への伝統的な誤解も，まだみられる。規範性をめぐる懸念は，治療から教育パラダイムに移るほど強まるだろう。病理の解消を目指した医学モデルなら，標的行動を身につける価値は自明の善かもしれないが，能力拡大や生き方の微調整をめぐる変化は「正しい」かどうかがより微妙であり，スキル教育の社会的意味を読み解くニーズが生じるだろう。スキル教育を適用する姿勢も，より問われることを心しておきたい。

3　実践紹介

　先述したSSCFを用いて，中学1年生の4学級（学級特性に合致したターゲットスキルを選定した2学級（A・B学級）とそうではない2学級（C・D学級））において，SSEを実践した研究を紹介したい。

　ターゲットスキルを「聴くスキル」としてSSEを行った結果（指導案：表

表6-3 聴くスキル

	授業者の発言（・）	時間と留意点
導入	・今日はソーシャルスキルという勉強をします。「そうだねゲーム」（参考資料参照）など簡単なゲームを取り入れても良い	ソーシャルスキルについて説明
インストラクション	・みんなは「ちゃんと話を聴きなさい」と言われたことはありませんか？　なぜ「話を聴く」ことが大事なことなのでしょうか？ ―学習カードに書いてもらう ・話を聴くことで，相手の話をちゃんと理解することができるのですよね。	なぜ聴くことが大事かを考えさせることで，認知面に働きかける。
モデリング	・これから前で2つの聴き方を演じてもらいます。 ―3つのルールを明確に無視した聴き方とルールに則った聴き方 ・○○さん，2つの聴き方をされてどんな感じがしましたか？ ☆1番目の聴き方をされると，これ以上話をするのが嫌になった。2番目の聴き方では，もっと話をしたくなって，気持ちがよかった。etc… ・2つの聴き方は何が違ったのでしょうか？ ―黒板に「話を聴くための3つのルール」を貼りながら説明する。	話を聴くときの3つのルール ①体を向ける ②話す人を見る ③相づちをうつ
リハーサル	・これから1人が好きなお題を選んで30秒話してください。もう1人は，3つのルールをできるだけ守りながら聴きます。―30秒後，役割交代 ・今度はルールを守らない聴き方をしてください。―30秒後，役割交代 ・ルールを守らない聴き方をされてどのような気持ちになったでしょうか。 <時間があれば>1分半ルールを守った聴き方→20秒間ルールを守らない聴き方→30秒ルールを守った聴き方 ・みなさん，とても上手に聴いていましたね。話を聴いてもらっている時，聴いているときはどんな気持ちがしましたか？ ―学習カード記入後，それぞれの項目を発表 ・「3つのルール」以外でどのように聴いてもらうと話しやすかったですか？	黒板にお題を書く 行動面への働きかけ　とくにうまくできない生徒には配慮する 認知面への働きかけ 生徒ができたこと・感じたことをまとめる（行動面の確認・感情に気づく） テクニックを板書
フィードバック	・今，授業のはじめと比べてどのような気持ちですか？ ・上手に「話を聴く」と，相手にもっと話したいという気持ちをもってもらえ，少し元気を与える，ということに気づいたのではないでしょうか。「話を聴く」テクニックは，どんどん使うことで鍛えられて上手になります。たくさん試してみてください。	最後に，学習カードに感想を書いてもらう 定着を促す

6-3），4学級のうち，A学級においてのみ「聴くスキル」得点が平均値に近い水準まで有意に上昇した（図6-2）。

またクラスター分析の結果から，A学級ではもともとスキルの遂行度が低い，あるいは適度に遂行していた生徒のスキル得点が上昇していた（図6-3）。一方，C学級ではもともとスキルの遂行度が低い生徒には効果がみられるかもしれないが，逆にスキルの自己評定が下降する生徒の存在が認められた（図6-4）。以

第6章 ソーシャルスキル教育

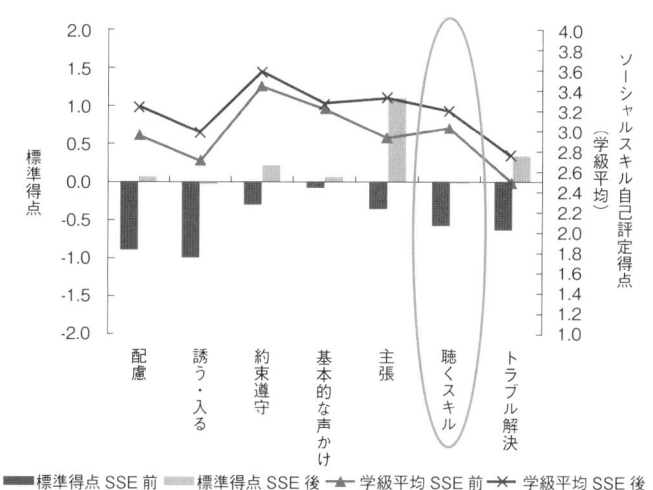

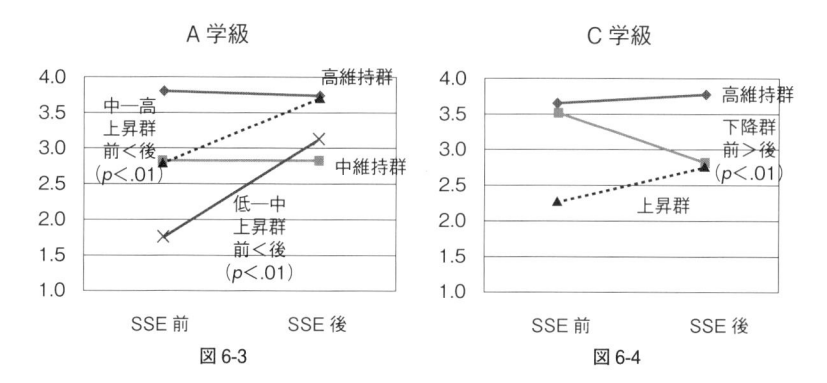

図6-2 A学級のSSCF

図6-3 A学級

図6-4 C学級

上から，学級特性に合致したターゲットスキルを選定する必要性があると考えられた。

ここで，本来ならば効果が認められると考えられたB学級について考察したい。効果の認められなかった要因の1つとして，B学級のみ「インストラクション」の時間を確保できず，生徒の動機づけが高まらなかった可能性があった。また，クラスター分析の結果から，他の3学級ではもともとスキル得点の低い生徒群が，SSE後に得点が上昇しているにもかかわらず，B学級においてのみ

変化がみられなかったことが2点目の要因として考えられた。さらに，授業に使用した「学習シート」を分析した結果，もともとスキルの低い生徒がその他の生徒ほど授業を楽しめていなかったり，理解できていなかった可能性が考えられた。

　これらのことから，効果的なSSEには，適切なターゲットスキルを選定することに加え，授業過程における「認知面」と「行動面」の両方への教育の重要性が再度強調されたのではないだろうか。とくに，もともとソーシャルスキルをうまく遂行することができない生徒に対し，正しいソーシャルスキルの認識の提供，あるいは再教育を，また正しい行動モデルの提供，行動訓練の機会をプログラムに取り入れていくことの重要性を改めて問う結果となった。その意味において，今後さらにより効果的なSSEプログラムを開発していくには，インストラクション，リハーサルの改善を試みていくことが必要であろう。

文　　献

相川　充（1999）．ソーシャルスキル教育とは何か　小林正幸・相川　充［編］ソーシャルスキル教育で子どもが変わる　小学校―楽しく身につく学級生活の基礎・基本　図書文化社　pp.11-30.

相川　充（2009）．新版 人づきあいの技術―ソーシャルスキルの心理学　サイエンス社

相川　充・佐藤正二・宮前義和・小貫　悟・立元　真・田中共子（2009）．ソーシャルスキルの教育―これからの課題　教育心理学年報, **48**, 36-38.

Birleson, P. (1981). The validity of depressive disorder in childhood and the development of self-rating scale : A research report. *Journal of Child Psychology and Psychiatry*, **22**, 73-88.

江村理奈・岡安孝弘（2003）．中学校における集団社会的スキル教育の実践的研究　教育心理学研究, **51**(3), 339-350.

藤枝静暁（2006）．小学校における学級を対象とした社会的スキル訓練および行動リハーサル増加手続きの試み　カウンセリング研究, **39**(3), 218-228.

藤枝静暁・相川　充（2001）．小学校における学級単位の社会的スキル訓練の効果に関する実験的検討　教育心理学研究, **49**(3), 371-381.

藤枝静暁・石川芳子（2001）．小学校における学級を対象とした社会的スキル訓練の般化に関する研究（1）　日本教育心理学会総会発表論文集, **43**, 348.

後藤吉道・佐藤正二・高山　巖（2001）．児童に対する集団社会的スキル訓練の効果　カウンセリング研究, **34**(2), 127-135.

本田真大・大島由之・新井邦二郎（2009）．不適応状態にある中学生に対する学級単位の

集団社会的スキル訓練の効果―ターゲット・スキルの自己評定,教師評定,仲間評定を用いた検討　教育心理学研究, **57**(3), 336-348.

飯田順子・石隈利紀 (2001). 中学校における学級集団を対象としたスキルトレーニング―自己効力感がスキル学習に与える影響　筑波大学心理学研究, **23**, 179-185.

石川芳子・小林正幸 (1998). 小学校における社会的スキル訓練の適用について―小集団による適用効果の検討　カウンセリング研究, **31**(3), 300-309.

金山元春・後藤吉道・佐藤正二 (2000). 児童の孤独感低減に及ぼす学級単位の集団社会的スキル訓練の効果　行動療法研究, **26**, 83-96.

金山元春・小野昌彦 (2003a). 小学校における集団社会的スキル訓練―訓練効果に影響を及ぼす要因の探索―日本教育心理学会第45回総会発表論文集 p.646.

金山元春・小野昌彦・大橋　勉・辻本雄一・大井閑代・松井賀洋子・辻本育宏・吉田初子 (2003b). 中学生の社会的スキルと孤独感　広島大学大学院教育学研究科紀要　第三部　教育人間科学関連領域, **51**, 289-295.

金山元春・佐藤正二・前田健一 (2004). 学級単位の集団社会的スキル訓練―現状と課題　カウンセリング研究, **37**(3), 270-279.

吉備国際大学教育GP推進室 (2009). 医療福祉領域の連携スキル学習プログラム　http://kiui.jp/pc/kyougp08/ (2010.4.26).

小林正幸・相川　充 [編著] / 國分康孝 [監修] (1999). ソーシャルスキル教育で子どもが変わる 小学校―楽しく身につく学級生活の基礎・基本　図書文化社

小泉令三・若杉大輔 (2006). 多動傾向のある児童の社会的スキル教育―個別指導と学級集団指導の組み合わせを用いて　教育心理学研究, **54**(4), 546-557.

Kovacs M. (1981). Rating scales to assess depression in school-aged children. *Acta Paedopsychiat*, **46**, 305-315.

南川華奈 (2006). 学級で行うソーシャルスキル教育の授業の進め方　相川　充・佐藤正二 [編] 実践！ソーシャルスキル教育 中学校―対人関係能力を育てる授業の最前線　図書文化 pp.32-41.

宮前義和 (2006). 本邦の小学校・中学校における集団社会的スキル訓練の運用に関する展望　香川大学教育実践総合研究, **13**, 71-82.

宮前義和 (2007). 集団SSTによる教育の実際　小林正幸・宮前義和 [編] 子どもの対人スキルサポートガイド―感情を豊かにするSST　金剛出版 pp.115-129.

小野寺正己・河村茂雄 (2003). 学校における対人関係能力育成プログラム研究の動向―学級単位の取り組みを中心に　カウンセリング研究, **36**(3), 272-281.

佐藤　寛・今城知子・戸ヶ崎泰子・石川信一・佐藤容子・佐藤正二 (2009). 児童の抑うつ症状に対する学級規模の認知行動療法プログラムの有効性　教育心理学研究, **57**(1), 111-123.

佐藤正二・金山元春 (2006). ソーシャルスキル教育とは　相川　充・佐藤正二 [編] 実践！ソーシャルスキル教育 中学校―対人関係能力を育てる授業の最前線　図書文化 pp.8-13.

佐藤正二・佐藤容子・岡安孝弘・高山　巌 (2000). 子どもの社会的スキル訓練―現況と

課題 宮崎大学教育文化学部紀要（教育科学), **3**, 81-105.
嶋田洋徳 (1996). 児童の社会的スキル獲得による心理的ストレス軽減効果 行動療法研究, **22**(2), 9-20.
田中共子・中島美奈子 (2006). ソーシャルスキル学習を取り入れた異文化間教育の試み 異文化間教育, **24**, 28-37.
田中共子・上野徳美 (2003). 臨床社会心理学の枠組みと展望 田中共子・上野徳美［編著］臨床社会心理学―その実践的展開をめぐって ナカニシヤ出版 pp.115-135.
戸ヶ崎泰子・岡安孝弘・坂野雄二 (1997). 中学生の社会的スキルと学校ストレスとの関係 健康心理学研究, **10**, 23-32
渡辺弥生・山本弘一 (2003). 中学生における社会的スキルおよび自尊心に及ぼすソーシャルスキルトレーニングの効果―中学校および適応指導教室での実践 カウンセリング研究, **36**(3),195-205.

第7章

発達障害

岡田　智

1　発達障害の子どもの困難

1　発達障害の子どもの特性

　小・中学校において，発達障害の子どもは，対人関係や集団行動につまずきやすい。特別支援教育の対象となる子どもの大多数は，社会性および行動上の問題があり，学校不適応がみられる。いじめ，いじめられ，孤立や仲間からの拒否，人間関係のトラブルなどさまざまな問題が指摘されている（Antshel & Remer, 2003；Vaughn, McIntosh & Spencer-Rowe, 1991）。

　とくに，高機能自閉症やアスペルガー症候群などの知的機能に遅れのない自閉症スペクトラム障害（ASD）に関しては，対人的相互交渉やコミュニケーションの不器用さ，こだわりや固執性といった障害特性がダイレクトに学校不適応と関連している（岡田, 2006）。この困難の背景としては，他者の気持ちや考えを理解する能力である「心の理論」，他者と注意や視点を共有する力である「ジョイントアテンション（注意の共有）」，木を見て森を見ずといった「シングルフォーカス」，「認知的な柔軟性」などの障害がある（岡田, 2006）。また，ASDに高い頻度で随伴する協調運動障害や感覚異常（過敏性）についても，集団生活ではかなりの不適応要因となる。

　注意欠陥多動性障害（ADHD）については，ソーシャルスキルに関する知識や行動様式が身についていても，実際の場面では不注意や衝動性などにより，行動をうまくコントロールできずに，スキルを遂行できない場合が多い（岡田,

表7-1 障害特性（1）（知的能力に関するもの）

障害特性	説　　明	障害の例
知的能力 intellectual functioning	全般的，総体的な問題解決能力のこと。ウェススラー式検査では全検査IQ（FSIQ），ビネー式では精神年齢で推定する。 ・IQ値が70未満は知的障害の範囲 ・IQ値が70-84は境界知能の範囲	・理解力や判断力の苦手さ ・教科学習の遅れ ・同年齢とのコミュニケーションについていけない
言語能力 Verbal ability	ウェクスラー式検査では，言語理解指標（VCI）で測定する。言語理解や言語表現など言語的スキル，思考などの認知的スキルに関係する。また，言語性検査は知識や学力などの結晶性能力も反映することがある。	・言葉の遅れや語彙の少なさ ・言葉の理解力や表現力の弱さ ・会話についていけない
非言語能力 Non-verbal ability	知覚推理指標（PRI）で測定する。視覚的情報処理や空間把握力などの能力。時に，流動性能力も反映することがある。	・視覚認知能力の弱さ ・状況に応じた問題解決能力の弱さ

2010a）。また，ADHDの多動性優勢型や混合型は，仲間とのトラブルや集団からの逸脱が多くみられ，一方で，問題が見過ごされがちな不注意型においては，仲間から無視されたり，からかわれたりすることが多く（Antshel & Remer, 2003；Conners & Jett, 1999 など），タイプにより不適応の質も違ってくる。

　もう1つ忘れてはいけないのが，知的水準の問題である。数字上ではIQ値が70‐75を下回ると知的障害の区分になり，適応能力，学習能力，コミュニケーション能力などに苦手さをもち，通常の教育カリキュラムでは過剰適応を強いることになりかねない。それだけではなく，境界線域（IQが70‐84程度）の子どもについても，医学的には境界知能と分類され臨床的関与の対象となりやすいこともDSM-Ⅳでは指摘されている。一般に，境界知能の子どもは，小学校3，4年生頃から，教科学習や対人関係にもついていくことが難しくなる。"10歳の壁"は軽度知的障害や境界知能の子どもには大きく立ちはだかることになる。教師や保護者の要求水準の調整，適切な教育環境の選択などが重要となる。

　なお，ASDやADHD，LDの発達障害があり，なおかつ，境界知能の知的水準の子どもの場合は，それらの特異的な困難に加え，全体的な理解力や思考力，判断力の問題が合わさるので，学校適応や社会自立などの問題は大きくな

表7-2 障害特性（2）（社会的認知能力に関するもの）

障害特性	説　　明	障害の例
ジョイントアテンション joint attention	他者とある対象に対して注意を共有すること。「あれ！」と指さしをしたり、「見て！」と何かを見せたりといった行動が代表的。具体的には「Aさんは今、○○を見ている」「みんなは、先生の話を聞いている」など他者が注意を向けている対象を感じること。	・乳児期にアイコンタクト、社会的笑み、指差しが少ない ・他者の反応（表情など）を参照しない ・他の人とは違ったところに注意を向けることが多い
心の理論 theory of mind	他者の気持ちや考えなど内的状況を推測する力のこと。「Aさんは○○と思っていると理解すること」といった能力。ジョイントアテンションも心の理論に含まれる。冗談や比喩、皮肉、謙遜などの言葉の「裏の意味の理解」も心の理論が必要とされる。	・相手の立場に立てない ・相手の興味関心、考えまで頭が回らない ・他者の感情や意図が理解できない、誤解してしまう。 ・言葉を字義どおりとってしまう
暗黙のルールの理解 hidden curriculums	教育や家庭の場には、多くの目に見えないルールやきまりがある。これらは暗黙のルールまたは潜在的カリュキュラムと言われ、ASDにとって厄介なものの1つ。	・教室や授業中のルール、マナー、常識を知らない ・ルールをその都度、明確に言わないとわからない
非言語コミュニケーション non-verbal communication	視線、表情やジェスチャーなどを理解したり、活用したりすること。ASDの子どもは、他者の非言語メッセージの理解が難しく、また、協調運動や身体感覚の問題があり、視線や表情などを使用することにも不器用である。	・表情が平坦（いつもニコニコ、または能面のようである） ・表情や視線を上手に活用できない。 ・ジェスチャーやふるまいがぎこちない
中枢性統合 central coherence	個々の情報をまとめて関連づけ、状況に応じたより高次な意味に構築していく能力のこと。全体像をイメージしたり、優先順位をつけたり、新しい文脈に応用させたりといった力。ASDの多くの症状はこの概念で説明可能。	・優先順位を付けられない ・柔軟性がない ・全体像をイメージできない ・シングルフォーカス ・応用が利かない

る。また、広汎性発達障害（PDD）とADHDは現在のところ、医学的には重複は認められていないが、特別支援教育の対象となる子どもの多くに合併が認められ、発達障害を専門とする児童精神科や小児神経科の医療現場では、ASD

表 7-3　障害特性（3）（行動コントロールに関するもの）

障害特性	説　明	障害の例
認知的な柔軟性 flexibility	状況や相手に応じて，考えや感情などの切りかえを上手に行い，効率的に行動すること。切りかえが難しいと，1つのことに没頭してしまったり，1回はじめたことを止められなかったり，1つの考えや感情に固執してしまったりする。PDD では，こだわり，切りかえの難しさ，同一性保持といった症状に現れる。	・こだわりやすい ・頑固で融通が利かない ・思い込みやすい ・同じ動作や言動を繰り返す ・エコラリア様の言動（遅延性，即時性） ・恨みや被害感を執拗にもってしまう
注意集中 attention	不注意には，集中の持続困難（一定の時間集中できない），注意の配分の問題（バランス良く注意を向けられない），転導性（気が散りやすい）の3つがある。	・集中が続かない ・話をじっくり聞けない ・忘れ物，なくしものが多い ・すぐに気が散る
衝動性 impulsiveness	考えずに突飛な行動をしてしまったり，ブレーキが利きにくかったりする特徴のこと。刺激にすぐに飛びついてしまい，熟慮に欠ける状態。	・出し抜けの発言 ・待てない ・すぐに手が出る ・後先考えないで行動する
多動性 hyperactivity	落ち着きがなく，そわそわ体を動かしたり，あちこち動き回ったり，多弁であったりすること。低年齢児では離席（立ち歩き）も見られる場合もある。	・そわそわと体を動かす ・多弁，過度のおしゃべり ・じっとしていない

（または PDD）と ADHD を併記して診断することが多くなっている。いずれにせよ，発達障害が単独で生じることは比較的少なく，現状としては診断名からでは子どもに対する理解を導き出すことは困難で，子どもがどのような特性や困難を併せもっているかを把握することが重要となる。

　学校適応や社会自立等に関係する障害特性としては，表 7-1, 2, 3 のようにまとめることができる。

2　ソーシャルスキルの困難（生起モデル）

　では，上記の障害特性はどのように社会性や行動上の問題と関係するのだろうか。ソーシャルスキルの視点から概観してみたい。ソーシャルスキルを遂行するために人は複雑な情報処理をしていると言える。まず，状況を理解し，どうすればよいか考え，行動を実行していく。そして，行動を起こしている最中

でも，自分の言動をモニターしながら，微調整していく。さらに，自分の行動を受けて相手がそれに反応するなど状況が変化する。その状況の変化を受けて，また状況に気づき，それを理解して次の行動につながるといったように環境との相互交渉は続いていく。相川（2000）は，「相手の反応の解読」「対人目標の決定」「対人反応の決定」「感情の統制」「対人反応の実行」「対人的相互作用」といった生起プロセスと，それらに全体的にかかわる「社会的スキーマ」をとりあげ，ソーシャルスキルの生起プロセスのモデルを示した。このモデルは，研究上の理論もモデルを提示してくれるばかりでなく，行動のつまずきを詳細に分析でき，支援の視点を与えてくれるといった臨床実践の点からも評価できるものである。

　ただ，発達障害の障害特性を考えると，このモデルでは限界も見える。たとえば，ASDは対人反応の解読の際にいくつかの次元での困難を示す。たとえば，ジョイントアテンションの問題や対人意識の問題があるために社会的キューに気がつかない場合がある。つまり，解読する前に気づきのところでエラーを起こす。また，ASDの感情の問題をみてみると，「笑われただけで過去のことを思い出し被害的にとってしまう」といったように，ASD特有のフラッシュバック（杉山, 2000）といった情動喚起の問題は「対人反応の実行」だけでなく「対人反応の解読」の際にも大きな影響を及ぼす。また，ADHDの子どもの多くは衝動性が高く，結果を予測せずに後先考えないで行動してしまう。このように，発達障害のつまずきを的確に捉えようとすると，情報処理特性の問題に特化したモデルを示す必要がある。筆者は相川（2000）のソーシャルスキルの生起過程モデルをベースにして，ソーシャルスキルの産出モデルを作成した。「状況に気づく」「状況を理解する」「対人目標・解決策を考える」「結果を予測する」「最善の解決策を選ぶ」「行動を実行する」「自分の行動をモニターする」といった一連のプロセスがある。また，これらの生起過程のいずれかに影響し，不具合を生じさせる「障害特性」を中心に位置づけた。また，感情喚起や自己効力感などの「情緒の問題」と知識や経験，記憶などの「社会的スキーマ」をすべての生起過程に影響する要因として位置づけた。

　このモデルを理解してもらうために，子どもが先生とすれ違ったときに挨拶をするといった行動を例に出してみる（表7-4）。この例のように，通常，人は

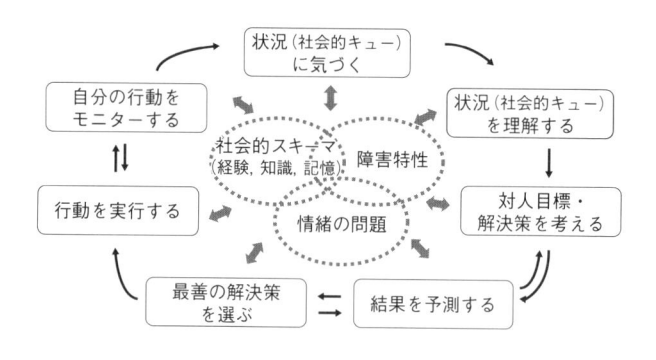

図 7-1 社会的行動が産出されるプロセス

表 7-4 「先生に挨拶をする」といった行動

・廊下を歩いていると，先生が早足でこっちに歩いてくるのが見える。	・状況に気づく
・先生は困った顔でセカセカ急ぎ足。イライラしているようにも見える。	・状況を理解する
・「近づいても知らないふりをして歩こうか」それとも，「近づいたらこちらに気づく前に明るい声で挨拶をしてみようか？」と考える。	・解決策を考える
・きっと，知らないふりをすると「挨拶を忘れている!!」と注意をしてくるだろう。もし，怒っていて機嫌が悪くても，礼儀を重んじる先生は明るめに挨拶をすれば気持ちよく挨拶を返してくれるだろうし，いやな印象を与えないですむだろうなと思う。	・結果の予測 ・最善の解決策を選ぶ
・そして，すれ違う2メートル前くらいに，大きめの声で「こんにちは」と笑顔で挨拶をする。	・行動を実行する
・「まぁ，適度な声で挨拶できたな」と感じる。	・行動のモニター
・先生は無表情で「やぁ」と声をかけ，そのまま急ぎ足で過ぎ去る。	・状況に気づく
・きっと忙しいんだなと理解する。	・状況を理解する

社会的情報を無意識的に（ときには意識的に），また瞬時に処理をして，行動を起こしていると言える。

3　発達障害の子どものソーシャルスキルの困難

　発達障害の子どもたちは，社会的認知やコミュニケーション，行動のコントロールの困難といった障害特性があるために，これらの社会的な情報処理のどこかに（多くの場合は複数に）まずさをもつと言える。ジョイントアテンションの障害があれば，先生がこちらに注意を向けるだろうことを感じられないだ

ろう。心の理論の問題がある子どもの場合は,「勢いよくこっちに来るのは,私のことを怒っているからだ」と被害的にとったり,先生の表情やしぐさから「急いでいる」とうまく読み取れなかったりするだろう。切りかえの困難や固執性が強い子どもは,挨拶は大きな声でするといったワンパターンの解決策をとったり,「早歩きは走っているのと同じで危ない!!」と過度の正義感から注意してしまうかもしれない。衝動性が高く,結果の予測が不十分な場合は,急いでいる先生の状況がわかりながらも,一方的に話しかけてしまい邪魔をしてしまうだろう。非言語的なコミュニケーションスキルが上手ではない子どもの場合は,固い表情で平たんな声で機械的に挨拶してしまうかもしれない。不注意や衝動性があり,モニタリングがうまくいかないと,自分の行動を微調整できないだろう。このように発達障害の障害特性はソーシャルスキルの産出に大きくかかわってくるといえる。当然,どこでつまずくかで,子どもへの支援方法は代わってくる。

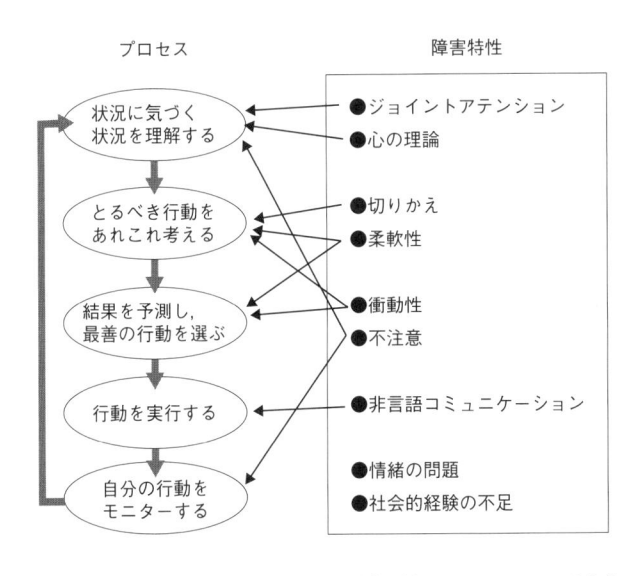

図 7-2 ソーシャルスキルの困難と障害特性の関連の例(水野・岡田, 2011 を参考に作成)

2 障害特性に応じた SSE

1 発達障害のソーシャルスキル教育

　発達障害の治療教育，特別支援教育の領域では，従来から小集団指導が重要視され（岡田・三浦ら，2009），行動調整やコミュニケーション，社会性の指導が行われてきた。発達障害は脳機能の障害であるので，その個人に一生涯続く可能性がある。そのため，学齢期よりも人生の大部分を占める義務教育以降の社会生活を念頭に置いた指導が望まれている。つまり，学校適応を念頭に置く指導というよりも，社会自立や就労などの長期的予後を見据えた指導・支援が行われている。そのために，対人技能や学校適応だけにとらわれていると，子どもの本来の教育課題を見失うこともしばしばある。発達障害へのソーシャルスキルや社会適応を考えると，身辺自立や生活技能，また，障害の根本でもある社会的認知能力や行動調整能力なども含めた概念として包括的にソーシャルスキルを捉えることが必要である。発達障害の子どもへのソーシャルスキル指

表7-5　障害特性に応じた配慮

①状況に気づいていない場合（ジョイントアテンション／注意集中）
⇒ 相手の表情・反応，状況などに注目を促す
（今何する時？）（○○くん，嫌がっているよ。見てごらん。）
②状況を理解できていない場合（心の理論／中枢性統合）
⇒マナー・ルール（暗黙のルールも）を前もって明示する
⇒社会的状況の交通整理，問題場面の分析を中心としたかかわり
⇒コミック会話，ソーシャルストーリーなどの活用
③目標，解決策が不適切である場合（認知的柔軟性／衝動性）
⇒ 複数のレパートリーを考えさせる
⇒モデリングなどで適切な解決策に焦点を当てる
④計画や見通しを立てずに行動する場合（衝動性／柔軟性）
⇒ STOP, THINK, and GO（よ～く，考えよ～）の構えの指導
⇒結果の見通し（ゴール）を考えさせる，具体的に伝える
⑤行動を上手に実行できない場合（非言語コミュニケーション／衝動性／情緒／自己効力感の低さ）
⇒ スクリプトの明示，視覚化
⇒ 行動のリハーサル（ロールプレイング等）
⇒ 肯定的フィードバック
⑥自分の行動をモニターできない場合（不注意／衝動性／情緒）
⇒ 即時的，肯定的，具体的なフィードバック
⇒ 強化子と強化のタイミングの工夫

導に関しては，上野・岡田（2006），岡田・三浦ら（2009）に詳しい。

2　障害特性に応じた指導

では，発達障害の子どものソーシャルスキル指導の際には，どのような配慮事項があるのかあげてみる（表7-5）。

3　発達障害のソーシャルスキルのアセスメント

1　社会性や行動のアセスメント

学校適応や問題行動を含めた行動面全般を査定する尺度としては，子どもの行動チェックリスト（child behavior checklist，以下 CBCL；井潤・上林・中田・北・藤井・倉本・根岸・手塚・岡田・名取，2001）が代表的である。この尺度は，保護者評定用と教師評定用（teacher rating form, 以下 TRF）とがあり，「引きこもり」「身体的訴え」「不安・抑うつ」「社会性の問題」「思考の問題」「注意の問題」「非行的問題」「攻撃行動」といった下位尺度とそれに関する項目から構成され，発達障害により生じる情緒や行動問題を広範囲に捉えることができる（中田, 2003）。また，信頼性・妥当性も確認されており，標準化もされている。ただ，子どもの障害特性そのもの，また，障害特性とそれらの問題との関連や因果関係など，一般の教員が結果を分析，活用するには難しいといった点もうかがえる。発達障害に熟知した専門家が活用する尺度であり，項目数も多く，通常の教育で活用するには限界もある。

筆者は，発達障害のためのソーシャルスキル尺度を作成したが，ソーシャルスキルのみに焦点を当てるならば，この尺度を実施してもよい（尺度と標準化データを上野・岡田（2006）に掲載）。この尺度は，教師や指導者が評定するもので，「集団行動」「仲間関係」「セルフコントロール」「コミュニケーション」の下位尺度から成り立つ。2章では学校生活で必要な基本的スキルに触れられているが，発達障害の子どもは，学習態勢や集団参加が課題となるために「集団行動」も重要なスキルと言える。

2　障害特性のアセスメント

　発達障害へのアセスメントの概要に関しては，他章（第5章を参照のこと）にゆずるが，ここでは，ソーシャルスキルにかかわる障害特性のアセスメントツールについて紹介する。既存の公開されている尺度では，基礎的な学習面に重点を置いている LDI（上野・篁・海津, 2005），不注意など ADHD の行動特徴を評価する ADHD-RS（DuPau, Power, Anastopoulos & Reid, 1998），広汎性発達障害の特徴を評価する PARS（安達・行廣・井上・内山・神尾・栗田, 2006）などが代表的である。これらの尺度は，信頼性・妥当性や診断力などの統計検討もなされており，発達障害の診断の際に活用されるものである。しかし，単独の障害のみに焦点が当てられており，子どもの特性全般を把握するまでには至らず，子どもの発達を包括的に支援する役割のある学校教育や療育指導などの実践現場での活用となると限界があると言える。

　そのような課題を受けて，筆者らは，一般の教員が評価可能で，なおかつ障害特性まで把握できるチェックリストを開発した（岡田ら, 2011）。この実態把握表では，知的障害や境界知能などを想定した「知的能力」，LD を想定した「読み書き算数」，PDD の困難である「コミュニケーション」「対人関係」「こだわり・切りかえ」，ADHD の困難である「不注意・衝動性・多動性」，これらの発達障害に随伴しやすい協調運動障害を想定した「運動面」，また，二次的障害としての「情緒面」の8つのカテゴリーを用意した。これらは，発達障害の子どもたちのデータにおいて，因子的妥当性，内的整合性が確認されている（岡田・上山, 2007）。しかし，この尺度は，一般の教師が評定するもので，評定者の子どもの状態の把握の程度，評定者のバイアスも関係してくることが予想される。この尺度だけでなく，心理検査や医学的診断，家庭での状況なども含めた多面的な情報をもとに実態把握していくことが望まれる。

4　【実践紹介】空気が読めない A さん

　陽気で天真爛漫な感じの A さん（小学校5年生）は，IQ が130以上もある女の子。動物について詳しく，博学であるのだが，一方で，場の雰囲気を読むことが苦手でクラスメートからは「不思議ちゃん」と言われている。5歳のと

表 7-6　ソーシャルスキル指導プログラムの内容

指導内容（回数）	事前指導 ／ 活動（リハーサルの活動）
★仲間の名前を覚える （3 回）	名前を覚えることの大切さをモデリング場面で考えさせ，その必要性を教示する。相手がどのような呼ばれ方がよいのか，仲間の意見を取り入れるように促した。 ・ペア探し ・仲間神経衰弱
★仲間に挨拶をする （2 回）	意義・重要性を教示。悪い例をモデリングで示す。距離，視線，関係性により，挨拶が違うことを数パターンで練習。 ・挨拶ドーンじゃんけん
★あったか言葉・チクチク言葉 （4 回）	チクチク・あったか言葉を弁別後，ロールプレイ。メッセージを受けた相手の表情や態度などに注目させることをポイントとした。 ・風船バレー ・チーム対抗中当て
★相手の立場を考えて話す （3 回）	自分と相手の見え方が違うこと，相手が見えていないことなどにモデリング場面や視覚教材で理解させた。具体的に声のかけ方，相手の視点での伝え方を教示。ロールプレイングに加えて，下記の活動を通して，リハーサル。 ・レゴの伝達 ・ブラインドウォーク
★上手な話し合い「話の聞き方」 （1 回）	見る，待つ，うなづくなどができていない不適切なモデルを見せ，考えさせた。 ・仲間インタビュー
★上手な話し合い「意見のまとめ方」 （4 回）	じゃんけん，多数決，説得，順番などの方略を話し合う。優先させなければならない理由（個人の事情）なども考えた。 ・体育館活動の話し合い ・お茶会の話し合い
★仲間を知ろう ★自分って何者？ （2 回）	ゲームを通して自分と仲間との共通点や相違点に注目する。個性について考えさせた。また，仲間の特徴，興味関心に関するクイズを行った。 ・共通点探し ・君は名探偵 !!
★自分のいいところ （2 回）	自分の得意なことや長所についてポスターで表現する活動を行った。その後，コンテストを行い「面白い人で賞」「きれいで賞」を投票で決めた。 ・自分 PR ポスター ・自分コンテスト
★感謝の気持ち （2 回）	グループの仲間に対して，感謝カード（○○でありがとう）を作成し，「聖徳太子でありがとうクイズ」で一人一人に感謝を伝えていく。 ・聖徳太子でありがとう（上野・岡田，2006 の活動 NO38「同時で感謝ゲーム」を参照）

きに，医療機関でアスペルガー症候群と診断され，社会性の弱さやこだわりやすさ等の困難を指摘された。また，不注意も目立ちADHD症状ももち合わせていることもわかった。

　学校では，一方的に友達や先生に話しかけるが，相手が嫌がっていることに気づかず，自分の興味のある話を延々としてしまう。4年生くらいから，クラスのみんなに避けられるようになってきた。

　Aさんは，小学校2年生から通級指導教室での小集団指導を受けていたが，5年生では，「空気を読めるようになる」「いじめ・からかいにうまく対処する」ことを目標にソーシャルスキルの指導を受けることになった。グループ指導では，子ども5名，指導者3名（通級教員2名と筆者）で行われ，表7-6のプログラムが実施された。

　Aさんは，「おっちょこちょい改善計画」と自分で言いながら，通級での指導を楽しみに受けた。同じグループの女の子と，「男はおさないからしかたない。無視がいいよ」などと話したりしながら，在籍学級でからかってくる男子と距離をとるようになった。在籍級では仲の良い友達がいなかったが，通級では仲間同士でアドバイスや共感しあったり，仲間のモデルを見て自分の行動や考えを調整できるようになったことも大きな収穫であった。

　また，ソーシャルスキル指導プログラムを通して，他者の表情や言動によく注目するようになり，通級や在籍級の友達にも気を遣うようになった。また，他者とのコミュニケーション場面で，指導者の声かけや状況の整理などもあり，自分が一方的になっていて相手が引いていたことや，直接的に言い過ぎたために相手が怒っていることなどすんなり理解できて，行動を改めることができた。ジョイントアテンションや心の理論障害はあっても，知的理解力や論理的思考力には優れていたので，何に焦点を当てればよいのか気づかせることでAさんの場合は，十分に問題となる状況を理解でき，行動調整ができるようになった。また，本人は問題意識があり，自身の困難なことへの自己理解もある程度できていたため，5年生で小集団指導を終了し，その後は，在籍担任と通級担当教員がAさんへの相談体制をとることで，学校適応が図られていった。

文　献

安達　潤・行廣隆次・井上雅彦・内山登紀夫・神尾陽子・栗田　広（2006）．日本自閉症協会広汎性発達障害評価尺度（PARS）児童期尺度の信頼性と妥当性の検討　臨床精神医学, **35**, 1591-1599.

相川　充（2000）．人づきあいの技術　サイエンス社

Antshel, K. M., & Remer, R. (2003). Social skills training in children with attention deficit hyperactivity disorder. *Journal of Clinical Child and Adolescent Psychology*, **32**, 153-165.

Conners, C. K., & Jett, J. L. (1999). *Attention deficit hyperactivity disorder in adults and children: The latest assessment and treatment strategies*. Kansas City, MO: Compact Clinicals.（コナーズ, C. K.・ジェット, J. L.［著］／佐々木和義［訳］（2004）．ADHD―注意欠陥／多動性障害の子への治療と介入　金子書房）

DuPau, G. J., Power, T. J., Anastopoulos, A. D., & Reid, R. (1998). *ADHD RATING SCALE-IV: Checklist, norms, and clinical interpretation*. New York: The Guilford Press.（坂本　律［訳］（2008）．診断・対応のためのADHD評価スケール ADHD-RS チェックリスト―標準値とその臨床的解釈　明石書店）

井潤知美・上林靖子・中田洋二郎・北　道子・藤井浩子・倉本英彦・根岸敬矢・手塚光喜・岡田愛香・名取宏美（2001）．Child Behavior Checklist/4-18 日本版の開発　小児の精神と神経, **41**, 243-252.

中田洋二郎（2003）．子どもの情緒・行動全般についての評定尺度　上林靖子・齊藤万比古・北　道子［編］　注意欠陥／多動性障害―AD/HD―の診断・治療ガイドライン　じほう　pp. 55-60.

岡田　智（2006）．対人関係に困難がある子どもの指導　上野一彦・花熊　暁［編］　軽度発達障害の教育　日本文化科学社

岡田　智（2011）．Ⅳ治療および指導　ソーシャルスキルトレーニング　別冊発達 ADHDの理解と援助（仮）ミネルヴァ書房

岡田　智・三浦勝夫・渡辺圭太郎・伊úB久美・上山雅久（2009）．特別支援教育ソーシャルスキル実践集　明治図書

岡田　智・上山雅久（2007）．教室で評価可能な実態把握表の作成と標準化日本LD学会第16回大会発表論文集, 576-577.

岡田　智・上山雅久・岡田克己（2011）．教室でできる特別支援アセスメントシートの開発―チェックリストの標準化の試み　共立女子大学家政学部紀要, **57**, 109-117.

杉山登志郎（2000）．発達障害者の豊かな世界　日本評論社

上野一彦・岡田　智［編著］（2006）．特別支援教育―実践ソーシャルスキルマニュアル, 明治図書

上野一彦・篁　倫子・海津亜希子（2005）．LDI-LD判断のための調査票　日本文化科学社

Vaughn, S., McIntosh, R., & Spencer-Rowe, J. (1991). Peer rejection is a stubborn thing: Increasing peer acceptance of rejected students with learning disabilities. *Learning Disabilities Research and Practice*, **6**, 65-132.

第8章

感情コントロールの困難

尾花真梨子　1 - 4
奥野誠一　　5

1　感情コントロール不全の実際

　近年，深刻な社会問題の1つとして青少年犯罪の凶悪化と低年齢化が指摘されている。また，「キレる」という言葉が一般化し，突発的・衝動的な怒りの表出が学校教育の中でも問題となっている（宮下・大野, 2002）。文部科学省（2010）によると，平成21年度間の全国小・中・高等学校における暴力行為発生件数は約6万1千件に達し，その数値は3年連続で増加している。そして，小・中学校では調査開始以来，過去最高件数を更新したと言う（図8-1）。このような暴力行為の背景には，自分自身に湧き上がる感情をコントロールすることに困難を示す子どもの増加が想定される。

2　感情のコントロールとソーシャルスキル

　グレシャム（Gresham, 1981a, 1981b, 1982, 1986）やグレシャムら（1984, 1993）によれば，ソーシャルスキルの概念化は，バンデューラ（Bandura, 1969, 1977）の反応の獲得と反応の遂行との区別に関連しており，反応の獲得の問題は，社会的に重要な反応に必要となるスキルを学習していないことを意味すると言う。そして，反応の遂行の問題は，反応を遂行しうるにもかかわらず，遂行ができないことを意味している。つまり，子どものソーシャルスキルの問題を，"スキルを学習している問題か否か（＝獲得の欠如あるいは遂行の欠如）"

第 3 部　主要な問題への適用

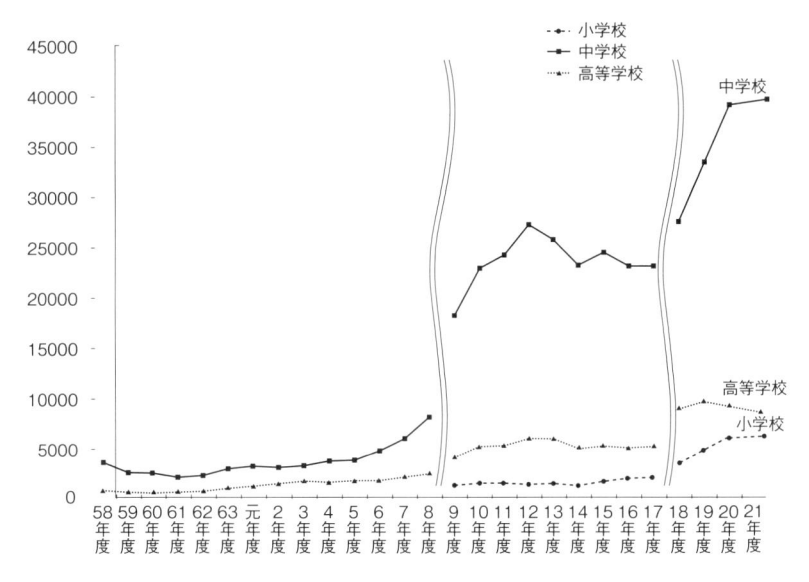

図 8-1　学校内における暴力行為発生件数の推移
（平成 21 年度「児童生徒の問題行動等生徒指導上の諸問題に関する調査」, 文部科学省, 2010）

と"情動をうまくコントロールできない問題であるかどうか（＝自己コントロールの問題）"という 2 つの軸によって分類したということである。さらに，ソーシャルスキルの獲得や遂行を抑制するような情動喚起反応の有無という次元で分類し，合計 4 種類に整理した。すなわち，(1) ソーシャルスキルの欠如，(2) 社会的遂行の欠如，(3) 自己コントロールのスキルの欠如，(4) 自己コントロールの遂行の欠如，であり（Gresham, 1986），詳細は表 8-1 に提示した。本章では，とくに (3) 自己コントロールのスキルの欠如，(4) 自己コントロールの遂行の欠如について以下に説明する。

表 8-1　ソーシャルスキルの問題の分類 (Gresham, 1986)

情動喚起反応の有無	獲得の欠如	遂行の欠如
有	ソーシャルスキルの欠如	社会的遂行の欠如
無	自己コントロールのスキルの欠如	自己コントロールの遂行の欠如

(1) 自己コントロールのスキルの欠如

いくつかのタイプの情動喚起反応がスキルの獲得を阻んでいるために，特定のソーシャルスキルを学習し損なったということである。学習を妨げる情動喚起反応の1つは不安や恐怖であり，不安や恐怖が適切な処理反応の獲得を阻むとされる。もう1つは衝動性であって，衝動的な反応を示す子どもは，環境から拒絶されやすいために適切な社会的相互作用の方略を学習しないためであると言う。

(2) 自己コントロールの遂行の欠如

スキルは学習されてきているが，一貫して表出されることがなく，情動喚起反応に問題があるためにスキルを遂行しないものであると言う。

以上のように，スキルの遂行と自己コントロールには密接な関連があることが推察され，佐藤（2005）においても現代の子どもの感情のコントロールや対人関係スキルの未熟が指摘されている。とくに自己統制の不良がより深刻となるのは思春期・青年期と言われており，その時期に顕著となる問題の1つとして，「攻撃性」があげられる。

3　攻撃性とソーシャルスキル

1　攻撃性とは何か

オルウェーズ（Olweus, 1979）は，攻撃性の明確な個人差が3歳頃に確認でき，その後少なくとも12-18ヵ月ほどの安定性が確認されることや，8-9歳の子どもの攻撃行動パターンはその後10-13年後の攻撃性と相関があることなどを報告している。そして，一般的な攻撃性によって攻撃行動がある程度規定されることを示唆している。また，秦（1990）は，攻撃を「他者に対して何らかの危害を加えることを意図した行動」と定義し，塚本・濱口（2003）はそのような行動を起こしやすい人格特性を攻撃性としている。これらを考慮すると，攻撃性は安定した性格特徴の1つと捉えることができ，認知，感情，行動のすべての要素にかかわり，それらの要素を生み出す大きな概念と言える。

従来の攻撃性研究において，過度の攻撃性はさまざまな弊害を生むことが明らかにされてきた。たとえば，攻撃性が冠状動脈性心臓病をはじめとする身体疾患（Barefoot et al., 1983）やうつ病などの精神疾患（Bridewell & Chang, 1997）の規定要因となること，児童期の高い攻撃性は青年期以降のさまざまな問題を予測すること，などが指摘されている。また，攻撃性は年齢が上昇するにつれて固定化する傾向があり，非行と関連しやすいとの研究結果もみられている。さらに，塚本ら（2003）は，攻撃性の高い子どもは他者からの排斥を招き，友人関係で満足が得られずに不適応に陥る可能性を示唆している。

　一方，攻撃性と仲間関係に関する多くの知見から，攻撃性を示す子どもは仲間から嫌われたり，拒否されやすいことも多くの研究で実証されている（たとえば，佐藤ら，1988）。そして，仲間から拒否される攻撃的な子どもは，情動のコントロールに問題があったり，対人スキルが低いことも指摘されている（佐藤・金山，2001）。また，幼児期から児童期の子どもに対して仲間を嫌う理由を直接質問した研究でも，仲間を嫌う理由として攻撃行動が最も多くあげられていた（Heyes et al., 1996）。つまり，攻撃性の高さは個人の健康や心理・社会的不適応に影響を及ぼすだけではなく，攻撃行動を受けた周囲にも不快感や危害を与えることになり，対人関係上の不適応を引き起こす可能性の高い要因と言えるであろう。

　一方，大竹ら（1999）は，中学生を対象に攻撃性とソーシャルスキルの関連を検討しているが，攻撃性タイプによってソーシャルスキルとの関連が異なるとしている。これは，攻撃性研究の動向が関連していると考えられる。

2　攻撃性研究の動向―攻撃性の分類とその特徴

　近年の子どもを対象とした攻撃性研究では，より効果的な介入を目指し，攻撃性を細分化し，その特性を明らかにしようという動向がある（Dodge & Coie, 1987；坂井・山崎，2003, 2004）。その研究動向には，攻撃性をその機能や生起のメカニズムの側面から分類するものと行動方略としての形態的側面から分類するものがある。

　前者は，「能動的攻撃（proactive aggression）」と「反応的攻撃（reactive aggression）」の2つに分類する立場であり（Dodge et al., 1987），その詳細は

表 8-2　攻撃性タイプの特徴と背景理論

タイプ	特徴	背景理論
能動的攻撃	①怒りや攻撃行動を誘発する事象がない状態で始発 ②怒りの喚起・表出を伴わない ③何らかの結果の獲得を目標とし，その手段として機能する攻撃行動	社会的学習理論 (Bandura, 1973)
反応的攻撃	①欲求阻止や知覚された脅威などの先行事象によって誘発 ②怒りの喚起・表出を伴う ③自己を制御すること，嫌悪刺激に危害を加えることを目標とした，知覚された脅威を軽減する機能を果たす攻撃行動	不快情動説 (Berkowitz, 1989)

表 8-2 である。

　上記の分類によって，それぞれのタイプの発達的特徴が明らかとなった。たとえば，反応的攻撃の方がより早い時期から問題が出現しやすく，発達初期における大人からの虐待や仲間からの拒否の経験が多いこと（Dodge et al., 1997），思春期に能動的攻撃を示す子どもは，反応的攻撃を示す子どもに比べて，男性は子ども時代に反抗などの外在的攻撃を示し，思春期には適応問題を抱え，大人になったときには犯罪にかかわりやすいこと，一方女性は子ども時代には不安などの内在的問題を抱え，大人になってからは神経症的傾向を示すことなどがあげられる（Pulkkinen, 1996）。

　また，ソーシャルスキルとの関連では，反応的攻撃が優勢な児童（以下，高反応的攻撃児とする）は，能動的な攻撃が優勢な児童（以下，高能動的攻撃児とする）よりも望ましいソーシャルスキルが欠けているという知見（Dodge et al., 1987），高反応的攻撃児はソーシャルスキルの欠如などの理由から仲間に拒否されるが，高能動的攻撃児は適度なスキルが備わっていることも少なくないため仲間から受容される傾向にあるという知見（Poulin & Boivin, 2000），高能動的攻撃性が非行傾向，行為障害を有意に予測し，反応的攻撃が不安障害や引っ込み思案傾向を予測するという知見（Vitaro et al., 1998），などがある。

　一方，後者の立場による分類では，「外顕的攻撃（overt aggression）」と「関係性攻撃（relational aggression）」に大別される。

　外顕的攻撃は，身体的ウェルビーイングを損なうことによって他者に危害を

加えたり，叩いたり，押したり，蹴ったり，脅したりというような身体的，言語的な攻撃行動を含む（Coie & Dodge, 1998）。一方の関係性攻撃は，「直接的な身体攻撃，言語的な攻撃を使わずに，仲間関係を操作することによって相手に危害を加えることを意図した行動」と定義され（Crick & Grotpeter, 1995），いじめとの関連で注目され始めた概念である。具体的には，周囲がターゲットとなる子どもを拒絶するような噂を仲間集団内にわざと流す，グループから排除する，グループ内の仲間がその子と話をしないように操作するなどの行動が含まれる。このことからわかるように，関係性攻撃は仲間関係に働きかけることによって，ターゲットとなる子どもに間接的に危害を加える攻撃行動と言える。そのため，叩く・蹴るといった暴力を攻撃手段として相手の身体に危害を加える身体的攻撃とは区別される。また，関係性攻撃の多くは言語的なやりとりによって行われるが，あくまでも関係性に焦点を当てた攻撃行動であるため，悪口を言うといった言語的攻撃とも区別されている。

　ソーシャルスキルとの関連で言えば，磯部・佐藤（2003）は，関係性攻撃を顕著に示す子どもは，そうではない子どもよりも規律性スキルに欠けていること，逆に友情形成スキルと主張性スキルについては比較的優れていることを指摘している。また，関係性攻撃が高い男子は関係参加スキルが低く自ら仲間に入っていく行動が欠けており，関係性攻撃が高い女子は関係維持スキルが低く，よりよい仲間関係を築くための行動が欠けていることも示唆されている（櫻井，2002）。また，クリックら（Crick et al., 1995, 1997）でも，関係性攻撃を頻繁に行う子どもほど，向社会的行動を行わないという結果が得られており，関係性攻撃の生起に仲間とのポジティブな相互作用の欠如が関連していることが示唆されている。

　以上を概観すると，攻撃性という概念の中にはさまざまな側面があり，それぞれが何らかのソーシャルスキルに関する問題を抱えていることがわかるであろう。

3　攻撃性のアセスメント

　先述したように，攻撃性を細分化して捉え，それぞれの特徴を明らかにしようとする研究動向を受けて，攻撃性のアセスメント方法も多様化している。そ

のため，測定する水準や側面も当然ながら異なってくる。発達心理学や教育心理学領域における子どもの攻撃性研究においては，観察法，実験法，面接法，調査・検査法に大別され，調査・検査法は質問紙法，投影法，仲間評定法，仲間指名法などの測定方法を含んでいる（山崎，2002）。

(1) 観察法

攻撃性の観察では，逸話記録法や時間見本法，頻度・事象記録法，持続時間・潜時記録法などがあり，それらの中から対象行動の特徴と研究の目的に適したものを選択する（たとえば，尹・広田，1996；佐藤ら，1993など）。

実際の行動を見るという点においては推奨される方法であるが，観察者や観察行為の導入による対象者や環境の変化など，この方法独自の欠点があることも忘れてはならないだろう。また，攻撃行動に限ったことではないが，対象行動が生起する前の出来事やその行動が遂行された後の結果にも注目する必要がある。これにはエリス（A. Ellis）が創始した論理療法におけるABCシェマと呼ばれる理論がかかわっており，その詳細は以下のとおりである。

　　A（activating event）：その後一連の反応を導き出す元となる出来事
　　B（belief）　　　　　：Aについての思考や信念などの認知的変数
　　C（consequence）　　 ：Bが生じた情動的あるいは行動的結果・反応

一見すると，出来事Aが結果Cを直接引き起こしているように感じるものである。しかし，実はその間には出来事Aに対する信念Bというスタイルが存在しており，それによって結果Cが引き起こされている。

攻撃性の観察では，対象行動のみに焦点を当てるというよりは，対人相互作用の流れの1つとして位置づける方が理解・介入しやすくなるのではないだろうか。

(2) 実験法

何らかの条件を複数設定して各条件下での行動の差異を検討するが，観察的手法が入ることもある。しかし，一般的に攻撃性は望ましい特性とは言い難い

ことから，最近では実験場面で攻撃性を誘発するような研究は一部の領域を除いて行われなくなってきている。とくに，子どもを対象とした研究ではその傾向が顕著と言える。

(3) 質問紙法

攻撃性の測定方法の中で最もポピュラーな方法である。攻撃性研究が従来から盛んに行われてきた米国では，多くの測度が開発・使用されているが，わが国ではまだ少ないのが現状である。ここでは，わが国で開発・使用されているもののうち，とくに子ども用の測度について紹介する。

- 自記式能動的攻撃性尺度（中学生用：SPAS-J；濱口，2005）
- 自記式反応的攻撃性尺度（中学生用：SRAS-J；濱口，2007）
- 小学生用 HAQ-C（Hostility Aggression Questionnaire for Children；坂井ら，2000；山崎ら，2001）
- 中学生用 HAQ-S（Hostility Aggression Questionnaire for Students；大竹ら，1998；嶋田ら，1998）
- 小学生用 P-R 攻撃性質問紙（坂井・山崎，2002）

上記の測度はすべて自己評定式の尺度であるが，尾花・小林（2008）が指摘するように，自己内の認知的要因と行動的要因に対する自己評価には知覚のされ方に差異が生じる可能性もあるため，実際の行動傾向について教師評定や教師指名尺度，仲間指名尺度などの他者評定が用いられていることも多い。詳細は，山崎（2000）や前田（1995），片岡（1997）を参照されたい。

(4) 質問紙法以外の調査・検査的方法

実施の目的によっても異なるが，たとえば，非行少年の攻撃性の測定には，TAT のような投影法的な検査が用いられたり（斉藤，1995），P-F スタディを用いてタイプ A 性格と攻撃性の関連を検討する研究（山崎ら，1993），さらに描かれた絵（Jolles, 1971）やロールシャッハ法（Spigelman et al., 1991）を用いた研究も散見される。しかし，発達心理学や教育心理学の領域では，上述したよ

うな仲間評定法や仲間指名法といったソシオメトリックな測定法が採用されることが多いようである。これらの方法は，実際に学校の同じクラスなどで一緒に生活している仲間からの評価であり，社会的な妥当性が高い評価であることが指摘されている（Gresham & Elliott, 1993）。

なお，面接法については，その有効性が示唆されているが（Huberty & Eaken, 1994），適用例が少なく，方法の完成度も低い（山崎, 2002）。

4　攻撃性の低減を目指したスキル教育

1　感情的要因へのアプローチ

　攻撃性に伴う主な感情は「怒り」である。怒り感情は，自分は"こうしたい""こうありたい""（相手に）こうして欲しい"などといった思いの裏返しであり，状況や相手に変化を求めるサインであると理解できる（奥野, 2007）。すなわち，不快な感情の背景には先述したような願いがあり，その願いを叶えることができないために怒りというような不快な感情を抱き，それを適切に表現できないことで攻撃という手段を用いていると考えられる。そして，人は攻撃行動のような不適切な形で自分の要求が通る経験を繰り返すと，"攻撃行動を遂行すれば自分の要求が通る"ことを学習してしまう。たとえそれが直接的な体験ではなくとも，周囲がそのような方法で要求を通していれば，その方法を自分の行動レパートリーとして獲得することも少なくない。つまり，攻撃性の問題は，自分の思いや願いを表現する1つの手段として，不適切なスキルを学習した結果と言えるであろう。このことから，怒り感情の表出の仕方，攻撃行動ではない要求の通し方，つまり自分の思いや願いを伝える"適切なスキル"を学習すれば，衝動的な言動を選択しなくともよくなるというわけである。では，それをスキル教育という立場から概観するとどのようなスキルがその適切なスキルに該当するのだろうか。当然のことではあるが，そこには複数の下位スキルが存在しており，ターゲットスキルとなりうるスキルは十分なアセスメントと個々のケースの特徴を考慮したものを選択する必要がある。

　なかでも，怒り感情のコントロールやメカニズム，そして適切な感情表現ス

キルを向上させる方法として代表的なものに「アンガーマネジメント・プログラム」がある。本田（2002）は，アンガーマネジメント・プログラムは，①予防のための啓発教育，②暴力行為への対応（危機介入），③暴力を繰り返す子どもへの個別対応プログラム，から構成されることを紹介している。そして，プログラムは思考面・感情面・行動面に働きかけるものをそれぞれ用意する。たとえば，自分の感情への理解を深めたり，自分の感情状態への気づきの促進などがある。これらの要素によって，感情の種類やそれに伴う表情・言葉を学び，実際に怒り感情が喚起された際に浮かぶ自動思考や感情の程度の認知を理解する。このプログラムでは，具体的な行動だけではなく，思考や感情に対するコントロールスキルも学ぶことから，広くソーシャルスキルの獲得と促進を目指していると言えよう。

2　行動的要因へのアプローチ

　海外に目を向けると，暴力や犯罪が多発する米国では，その背景にある子どもの攻撃性を低減させるために，予防的あるいは治療的介入を集団に対して実施するプログラムが多数作成されている。その教育対象はさまざまな要素があるが，その中にソーシャルスキルの改善を中心としたものもある（たとえば，Earlscourt Social Skills Group Program；Pepler et al., 1994）。最近では，スキル面だけの強化というよりも，認知面，スキル面，身体・情動面などを総合的に捉え，多面的な目標設定のあるプログラムが作成される傾向にあるが，やはりスキルといった行動的要因に対するアプローチは必須のものとなっている。

　上述したような観点から作成されたプログラムの代表格としては，攻撃置換訓練（Aggression Replacement Training, ART；Goldstein et al., 1998）がある。その下位要素は大きく3つあり，1つはスキル編成（skillstreaming）であり，これは行動変容要素に位置づけられ，ソーシャルスキルの形成を目指すものである。ARTは標準的に10週にわたる実施スケジュールのため，用意されている50のスキルの中から10のスキルが選択され，1回に1スキルを対象に訓練が行われる。スキルには，"他人の気持ちを理解する""人を手助けする""不満を伝える"など，ソーシャルスキルの範疇にあって日常の対人相互作用に必要なものになっている。

また，このような米国のプログラムを参考にわが国で作成されたものに「フィークス（PHEECS：Psychological Health Education in Elementary-school Classes by Schoolteachers）」と呼ばれるものがある（山崎，2000）。フィークスにおいてもスキル訓練は必須の要素として位置づいている。とくに，攻撃性と拮抗するスキルの向上として対人行動における具体的なソーシャルスキルの獲得があげられている。そこでは，"他人のよいところへの気づき""感情の分かち合い（共感）""共感・公定・賞賛メッセージの伝達"の獲得が目指されている。これらのことからわかるように，攻撃性の低減には行動的要因としてのソーシャルスキルの訓練は必須条件となっていると言えよう。しかし，わが国ではこの手のプログラムはまだ量・質ともに発展途上と考えられ，今後のさらなる発展が望まれている。

5 【実践紹介】感情コントロールに問題をもつ小学生への援助

小学2年生のA（男児）は，ふだんはおとなしく目立たない。しかし，悪口を言われたり，ちょっかいを出されたりすると，表情が豹変して相手を殴ったり，蹴ったりといった暴力を振るう。他の子どもたちが離れた場所で話しているときでも目が合うと，本児は「悪口を言われている」と勘違いして暴力を振るうこともあった。落ち着いた後で注意すると素直に話を聞き，本児も暴力を振るってはいけないことは理解していた。しかし，問題の改善は見られず，同じことを何度も繰り返す状況であった。母親からの情報では，本児は，わがままは言わず，甘えたりもしない，手のかからない子どもであったという。諸々の情報から，生育歴上，自分の不快感情を認知し，適切に表出するスキルを学習する機会が少なかったことが推測できた。

学校側からカウンセラーである筆者に相談があり，担任と連携を取りながら本児の面接を行うこととなった。なお，援助を開始するに当たって，母親と面接を行い，家庭での対応について話し合った。

家庭では，それまで，暴力を振るってはいけないと叱りつける対応をしてきた。そのため，本児は不快な感情を自分で認識できていないために，爆発する形で表現しているのではないかとの理解を共有した。そこで，不快な感情を認

識できるようにするために，暴力を振るったときの気持ちを聞きとることとした。母親には，感情に良い悪いはないため，怒ってした「行為」を叱り，「感情」は否定しないことを強調した。

一方，学校でも暴力行為に対しては何度も指導されていたが，その内容は「怒ってはいけない」というものであった。そこで，家庭で行ってもらう対応を同様に行うこととした。その際，不快な感情を言語化するようにした。これに加えて，本児が怒りを収めた（コントロールした）瞬間に注目してかかわることと，感情を乱していないときに接触を増やすようにかかわった。

本児との面接では，感情認知と言語化を目標とした。具体的には，「どんなときに怒ったか」「どのように怒りのメーターが上がっていったか」を日常生活で観察してもらうこととした。この作業は，担任にも協力してもらい，怒りに支配されているときに声をかけてもらうようにした。これにより，怒りの表出を肯定的に捉えることと，担任からの声かけを叱責と受け取られないようにすることを図った。

担任教師は日常的に本児とかかわる際に，本人の話す内容の背後にある感情を言語化するようにかかわった。また，本児が少しでも怒りをコントロールするために努力している瞬間を見つけたら肯定的な注目を与えるようにした。

このように，本事例では「怒りの表出」を，抑え込む対象としてではなく，コントロールするために必要な段階として肯定的に捉えるようにした。

その結果，怒りを爆発させて暴力を振るった後も，落ち着いて振り返れば，自分の感情を捉えられるようになっていった。また，本児から担任に話しかけ，雑談をすることも増えた。

不快な感情を認知できるようになったところで，担任は本児に，イライラしてきたことに気づいたら，教室から出て気持ちを落ち着かせて戻ってくることを提案した。これは，不快な感情を感じたときに教室を出ることに自己コントロールの意味づけを行ったものである（しかし，教室を出ることは一度もなかった）。この後，本児は日常生活で不快な感情を感じたときに「イライラする」などと表現するようになった。この頃から，突然豹変して暴力を振るうことはなくなった。

本事例では，とくに「ソーシャルスキル」との言葉を使用しなかった。しか

し，実際には，本児の不快感情の認知と言語化スキルに着目し，それを促すようにかかわった。担任教師が日常生活の中で，本児をよく観察し，フィードバックし続けたことが改善の大きな要因であったと考えられる。

（プライバシー保護のため，その本質を損なわない程度に一部を改変してある。）

文　献

Bandura, A. (1969). Interest patterns associated with measures of social desirability. *Personality Guidance Journal*, **45**, 56-60.

Bandura, A. (1977). *Social learning theory*. Englewood Cliffs, NJ：Prentice-Hall.

Barefoot, J. D., Dahlstrom, W. G., & Williams, R. B. (1983). Hostility, CHD incidence, and total mortality: A 25-year follow-up study of 255 physicians. *Psychosomatic Medicine*, **45**, 59-63.

Berkowitz, L. (1989). Frustration-Aggression hypothesis: Examination and reformulation. *Psychological Bulletin*, **106**, 59-73.

Bridewell, W. B., & Chang, E. C. (1997). Distinguishing between anxiety, depression, and hostility：Relations to anger-in, anger-out and anger control. *Personality and Individual Differences*, **22**, 587-590.

Coie, J. D., & Dodge, K. A. (1998). Aggression and antisocial behavior. In N. Eisenberg (Ed.), *Handbook of child psychology*. New York：Wiley. pp.779-862.

Crick, N. R., Casas, J. F., & Mosher, M. (1997). Relational and overt aggression in preschool. *Developmental Psychology*, **33**, 579-588.

Crick, N. R., & Grotpeter, J. K. (1995). Relational agression, gender, and social-psychological adjustment. *Child Development*, **66**, 710-722.

Dodge, K. A., & Coie, J. D. (1987). Social information-processing factors in reactive and proactive aggression in children's peer groups. *Journal of personality and Social Psychology,* **53**, 1146-1158.

Dodge, K. A., Lochman, E., Harinish, J. D., Bates, J. E., & Pettit, G. S. (1997). Reactive and proactive aggression in school children and psychiatrically impaired chronically assaultive youth. *Journal of Abnormal Psychology*, **106**, 37-51.

Goldstein, A. P., Glick, B., & Gibbs, J. C. (1998). *Aggression replacement training: A comprehensive intervention for aggressive youth.* Champaign, IL: Research Press.

Gresham, F. M. (1981a). Assessment of children's social skills. *Journal of School Psychology*, **19**, 120-133.

Gresham, F. M. (1981b). Social skills training with handicapped children: A review. *Review of Educational Research*, **51**, 139-176.

Gresham, F. M. (1982). Social skills instruction for exceptional children. *Theory into*

Practice, 20, 129-133.
Gresham, F. M.(1986). Conceptual issues in the assessment of social competence in children. In　P. Starain, M. Gurolnick, & H. Walker(Eds.), *Childlen's school behavior: Development, assessment, and modification.* New York: Academic Press.
Gresham, F. M., & Elliott, S. N.(1993). Social skills intervention guide: Systematic approaches to social skills training. *Promoting Student Success Through Group Interventions,* **8**, 137-158.
Gresham, F. M., & Lemanek, K. L.(1984). Social skills: A review of cognitive-behavioral training procedures with children. *Journal of Applied Developmental Psychology,* **4**, 439-461.
濱口佳和（2005）．自記式能動的攻撃性尺度（中学生用）の構成　カウンセリング研究，**38**, 183-194.
濱口佳和（2007）．自記式反応的攻撃性尺度（中学生用）の構成　カウンセリング研究，**40**(2), 136-145.
秦　一士（1990）．敵意的攻撃インベントリーの作成　心理学研究，**61**, 227-234.
Heyes, D. S., Greshman, E. S., & Halteman, W.(1996). Enmity in males at four developmental levels: Cognitive bases of disliking peers. *Journal of Genetic Psychology,* **157**, 153-160.
本田恵子（2002）．キレやすい子の理解と対応―学校でのアンガーマネージメント・プログラム　ほんの森出版
Huberty, T. J., & Eaken, G. J.(1994). Personality assessment of anger and hostility in children and adolescents.　In M. J. Furlong, & D. C. Smith(Eds.), *Anger, hostility and aggression：Assessment, prevention and intervention strategies for youth.* Brandon, VT: Clinical Psychology Publishing. pp.285-309.
尹　熙奉・広田信一（1996）．教室における児童の攻撃行動の観察的研究　教育心理学研究，**44**, 102-108.
磯部美良・佐藤正二　（2003）．幼児の関係性攻撃と社会的スキル　教育心理学研究，**51**, 13-21.
Jolles, I.(1971)．A catalog for the qualitative interpretation of the House-Tree-Person.　Los Angels: Western Psychological Services. Cited from Huberty, T. J., & Eaken, G. J.(1994). Personality assessment of anger and hostility in children and adolescents.　In M. J. Furlong, & D. C. Smith(Eds.), *Anger, hostility and aggression: Assessment, prevention and intervention strategies for youth.* Brandon, VT: Clinical Psychology Publishing. pp.285-309.
片岡美菜子（1997）．攻撃及び非攻撃幼児の敵意帰属に及ぼすムード操作の効果　教育心理学研究，**45**, 71-78.
前田健一（1995）．児童期の仲間関係と孤独感―攻撃性，引っ込み思案および社会的コンピタンスに関する仲間知覚と自己知覚　教育心理学研究，**43**, 156-166.
宮下一博・大野　久［編］（2002）．キレる青少年の心―発達臨床心理学的考察　北大路書房

文部科学省（2010）．平成20年度「児童生徒の問題行動等生徒指導上の諸問題に関する調査」

尾花真梨子・小林正幸（2008）．児童の学校ストレスと不適応行動予防に関する研究（2）―自己肯定感及び社会的スキルの影響　日本カウンセリング学会第41回大会発表論文集, 127.

奥野誠一（2007）．子どもの攻撃性と感情表出―キレやすい子どもの理解と対応　心と社会, **127**, 16-20.

Olweus, D. (1979). Stability of aggression patterns in males: A review. *Psychological Bulletin*, **86**, 852-875.

大竹恵子・島井哲志・嶋田洋徳・山崎勝之・狩野　裕（1999）．攻撃性と社会的スキルの関係：中学生用攻撃性質問紙（HAQS）を用いて　日本教育心理学会第41回総会発表論文集, 343.

大竹恵子・島井哲志・曽我祥子・嶋田洋徳（1998）．中学生用攻撃性質問紙（HAQS）の作成（1）―中学生のデータによる因子的妥当性・信頼性の検討　日本心理学会第62回大会発表論文集, 930.

Pepler, D. J., King, G., & Byrd, W. (1994). A social-cognitively based social skills training program for aggressive children. In D. J. Pepler & K. Rubin (Eds.), *The development and treatment of childhood aggression*. Hillsdale, NJ：Lawrence Erlbaum. pp.361-388.

Poulin, F., & Boivin, M. (2000). Reactive and proactive aggression: Evidence of a two-factor model. *Psychological Assessment*, **12**, 115-122.

Pulkkinen, L. (1996). Proactive and reactive aggression in early adolescence as precursors to anti- and prosocial behavior in young adults. *Aggressive Behavior*, **22**, 241-257.

斉藤文夫（1995）．TATによる非行少年の攻撃性に関する一考察　犯罪学雑誌, **61**, 235-247.

坂井明子・山崎勝之・曽我祥子・大芦　治・島井哲志・大竹恵子（2000）．小学生用攻撃性質問紙の作成と信頼性，妥当性の検討　学校保健研究, **42**, 423-433.

坂井明子・山崎勝之（2002）．小学生用P-R攻撃性質問紙（PRAQ-C）の作成―道具的ならびに反応的攻撃性質問紙の妥当性と安定性の検討　日本教育心理学会第44回総会発表論文集, 364.

坂井明子・山崎勝之（2003）．小学生における3タイプの攻撃性が抑うつと学校生活享受感情に及ぼす影響　学校保健研究, **45**, 65-75.

坂井明子・山崎勝之（2004）．小学生における3タイプの攻撃性が攻撃反応の評価および結果予期に及ぼす影響　教育心理学研究, **52**, 298-309.

櫻井良子（2002）．中学生における関係性攻撃の特徴　筑波大学心理学研究科中間論文（未公刊）

佐藤正二（2005）．ソーシャルスキル教育の考え方　佐藤正二・相川　充［編］　実践！ソーシャルスキル教育　小学校　図書文化　pp.6-7.

佐藤正二・金山元春（2001）．基本的な社会的スキルの習得と問題行動の予防　精神療法,

27(3), 246-253.
佐藤正二・佐藤容子・高山　巌（1988）．拒否される子どもの社会的スキル　行動療法研究, **13**, 126-133.
佐藤容子・佐藤正二・高山　巌（1993）．攻撃的な幼児に対する社会的スキル訓練―コーチング法の使用と訓練の般化性　行動療法研究, **19**, 13-27.
嶋田洋徳・神村栄一・宇津木成介・安藤明人（1998）．中学生用攻撃性質問紙（HAQS）の作成（2）―因子的妥当性，信頼性，因子間相関，性差の検討　日本心理学会第62回大会発表論文集, 931.
Spigelman, G., Spigelman, A., & Englesson, I. (1991). Hostility, aggression, and anxiety levels of divorce and nondivorce children as manifested in their response to projective tests. *Journal of Personality Assessment*, **56**, 483-452.
塚本貴文・濱口佳和（2003）．親和動機と攻撃性および社会的スキルが友人関係満足度に及ぼす影響―中学生の場合　発達臨床心理学研究, **15**, 45-55.
Vitaro, F., Gendreau, P. L., Tremblay, R. E., & Oligny, P. (1998). Reactive and proactive aggression differentially predict later conduct problems. *Journal of Child Psychology and Psychiatry*, **39**, 377-385.
山崎勝之（2002）．発達と教育領域における攻撃性の概念と測定方法　山崎勝之・島井哲志［編］　攻撃性の行動科学　発達・教育編　ナカニシヤ出版 pp. 19-37.
山崎勝之・坂井明子・曽我祥子・大芦　治・島井哲志・大竹恵子（2001）．小学生用攻撃性質問紙（HAQ-C）の下位尺度の再構成と攻撃性概念の構築　鳴門教育大学研究紀要, **16**, 1-10.
山崎勝之［編］（2000）．心の健康教育―子どもを守り，学校を立て直す　星和書店
山崎勝之・呉　佩玲・田中雄治・宮田　洋（1993）．タイプA者の攻撃性―P-Fスタディを用いて　タイプA, **4**, 60-66.

第9章

トラウマとソーシャルスキル

奥野誠一

1 トラウマの影響とソーシャルスキル

1 トラウマとは

　トラウマは，DSM-Ⅳ-TRによれば，「無力感を覚えたり戦慄するような安全を脅かす出来事」を目撃したり直面したりといった体験によってもたらされる（APA, 2000）。DSM-Ⅳ-TRでは，トラウマに関する精神疾患分類として，PTSD（外傷後ストレス障害）とASD（急性ストレス障害）がある。PTSDは，トラウマ体験の後，1ヵ月以上経ってから症状が見られるものであり，ASDは1ヵ月以内に症状が見られるものである（表9-1, 2）。トラウマ体験が急に発生した災害や事件など一度きりのものか（単回性トラウマあるいはタイプⅠトラウマ），持続的・慢性的に恐怖場面にさらされるいじめや虐待など複数回にわたるものか（複雑性トラウマあるいはタイプⅡトラウマ）による分類も議論されている（Terr, 1991；Herman, 1992）。近年では，発達途上の子どもへの影響を考慮した発達性トラウマ障害の基準も示されている（van der Kolk, 2005）。

　安全を脅かす出来事は，本人の知覚や意味づけ（主観）により影響を受けるため，明確な定義はされていない。出来事に対する脅威の感覚や意味づけは，それまでの体験や知識によっても異なる。子どもにとってトラウマとなりうる出来事は，災害・事件・事故の被害や目撃，いじめられ被害，虐待，DVや激しい夫婦げんかの目撃，家族や仲間の死の目撃などがあげられる。これら以外にも，傷つき体験に対して適切に対応されなければ，トラウマとなりやすくな

表 9-1 外傷後ストレス障害（Post Traumatic Stress Disorder）（APA, 2000）

A. その人は，以下の2つがともに認められる外傷的な出来事に暴露されたことがある。
(1) 実際にまたは危うく死ぬまたは重症を負うような出来事を，一度または数度，あるいは自分または他人の身体の保全に迫る危険を，その人が体験し，目撃し，または直面した。
(2) その人の反応は強い恐怖，無力感または戦慄に関するものである。
　　注：子どもの場合はむしろ，まとまりのないまたは興奮した行動によって表現されることがある。

B. 外傷的な出来事が，以下の1つ（またはそれ以上）の形で再体験され続けている。
(1) 出来事の反復的，侵入的，かつ苦痛な想起で，それは心像，思考，または知覚を含む。
　　注：小さい子どもの場合，外傷の主題または側面を表現する遊びを繰り返すことがある。
(2) 出来事についての反復的で苦痛な夢
　　注：子どもの場合は，はっきりとした内容のない恐ろしい夢であることがある。
(3) 外傷的な出来事が再び起こっているかのように行動したり，感じたりする（その体験を再体験する感覚，錯覚，幻覚，および解離性フラッシュバックのエピソードを含む。また，覚醒時または中毒時に起こるものを含む）。
　　注：小さい子どもの場合，外傷特異的なことの再演が行われることがある。
(4) 外傷的出来事の1つの側面を象徴，または類似している内的または外的きっかけに暴露された場合に生じる，強い心理的苦痛
(5) 外傷的出来事の1つの側面を象徴，または類似している内的または外的きっかけに暴露された場合の生理学的反応性

C. 以下の3つ（またはそれ以上）によって示される，（外傷以前には存在していなかった）外傷と関連した刺激の持続的回避と，全般的反応性の麻痺。
(1) 外傷と関連した思考，感情，または会話を回避しようとする努力
(2) 外傷を想起させる活動，場所または人物を避けようとする努力
(3) 外傷の重要な側面の想起不能
(4) 重要な活動への関心または参加の著しい減退
(5) 他の人から孤立している，または疎遠になっているという感覚
(6) 感情の範囲の縮小（例：愛の感情をもつことができない）
(7) 未来が短縮した感覚（例：仕事，結婚，子ども，または正常な寿命を期待しない）

D. （外傷以前には存在していなかった）持続的な覚醒亢進症状で，以下の2つ（またはそれ以上）によって示される。
(1) 入眠，または睡眠維持の困難
(2) 易怒性または怒りの爆発
(3) 集中困難
(4) 過度の警戒心
(5) 過剰な驚愕反応

E. 障害（基準B，C，およびDの症状）の持続が1ヵ月以上。

F. 障害は，臨床上著しい苦痛，または社会的，職業的，または他の重要な領域における機能の障害を引き起こしている。

急性：症状の持続期間が3ヵ月未満の場合
慢性：症状の持続期間が3ヵ月以上の場合
発症遅延：症状の発現がストレス因子から少なくとも6ヵ月の場合

表 9-2　急性ストレス障害（Acute Stress Disorder）（APA, 2000）

A. その人は，以下の2つがともに認められる外傷性の出来事に暴露されたことがある。 　(1) 実際にまたは危うく死ぬまたは重傷を負うような出来事を，一度または数度，あるいは自分または他人の身体の保全に迫る危険を，その人が体験し，目撃し，または直面した。 　(2) その人の反応は強い恐怖，無力感または戦慄に関するものである。
B. 苦痛な出来事を体験している間，またはその後に，以下の解離性症状の3つ（またはそれ以上）がある。 　(1) 麻痺した，孤立した，または感情反応がないという主観的感覚 　(2) 自分の周囲に対する注意の減弱（例："ぼうっとしている"） 　(3) 現実感消失 　(4) 離人症 　(5) 解離性健忘（すなわち，外傷の重要な側面の想起不能）
C. 外傷的な出来事は，少なくとも以下の1つの形で再体験され続けている：反復する心像，思考，夢，錯覚，フラッシュバックのエピソード，またはもとの体験を再体験する感覚；または，外傷的な出来事を想起させるものに暴露されたときの苦痛。
D. 外傷を想起させる刺激（例：思考，感情，会話，活動，場所，人物）の著しい回避。
E. 強い不安症状または覚醒の亢進（例：睡眠障害，易怒性，集中困難，過度の警戒心，過剰な驚愕反応，運動性不安）。
F. その障害は，臨床上著しい苦痛，または社会的，職業的，または他の重要な領域における機能の障害を引き起こしている，または外傷的な体験を家族に話すことで必要な助けを得たり，人的資源を動員するなど，必要な課題を遂行する能力を障害している。
G. その障害は，最低2日間，最大4週間持続し，外傷的出来事の4週間以内に起こっている。
H. 障害が，物質（例：乱用薬物，投薬）または一般身体疾患の直接的な生理学的作用によるものではなく，短期精神病性障害ではうまく説明されず，すでに存在していたⅠ軸またはⅡ軸の障害の単なる悪化でもない。

る（小林, 2008）。小林（2008）は，学校での傷つき体験により不登校になった子どもに対して，EMDR（Eye Movement Desensitization and Reprocessing；眼球運動による脱感作および再処理法）を適用した事例を報告している。そして，子どもの場合，PTSDの診断基準に入るかどうか疑わしいものであっても，そのように対処したほうがよい場合も多いとしている。

　なお，災害や学校を巻き込んだ事件の場合には，すべての子どもが何らかの形で出来事を体験することになる。全員が被災したり事件に巻き込まれたりした場合については，「緊急支援」「危機介入」の枠組みで実際の援助実践をもとに体系的に研究がされている（藤森, 2005；福岡県臨床心理士会, 2005）。本章では，トラウマの影響を受けた個人を想定して述べていく。

2 トラウマが及ぼす影響

　トラウマ体験は，体験後に持続的な反応を生じさせる。トラウマを受けた子どもは，認知面，感情面，行動面で再体験を繰り返す。その苦痛から自分を守るためにトラウマを思い出させる刺激を避けたり，そのときの感情を感じないようにしたりする。その結果として，苦痛な体験が自身の体験の一部に統合されず断片的な記憶として保存される。そのため，トラウマ記憶を刺激しない範囲であれば何事もなく活動していても，トラウマを想起させる刺激に遭遇すると，フラッシュバックを起こし混乱することになる。トラウマ反応について，DSM-Ⅳ-TRでは，フラッシュバックや悪夢のように意思に反したトラウマ体験の反復的想起（侵入的再体験），トラウマ体験の記憶の抜け落ちや体験を思い出させる場面や刺激の回避（回避），感情の鈍化や活動水準の低下（麻痺），不眠や怒りの爆発や刺激に対する反応の敏感さ（過覚醒）などを主症状としてあげている（APA, 2000）。そして，支援が十分でなかったり，無理をしすぎると，抑うつ，不安障害，パーソナリティ障害，解離性障害など広範囲かつ長期にわたってトラウマの影響が及ぶ可能性もある。テア（Terr, 1991）は，トラウマに共通の反応として，①反復的想起，②反復的行動，③トラウマ関連の特定的な恐怖，④人や将来に対する否定的な態度，の4点を指摘している。

　これらの他にも，トラウマは，認知面・感情面・行動面にさまざまな影響を及ぼす（西澤, 1999）。認知面では，「自分は危険にさらされている」といった自己や外界に対する安全感の喪失，「自分には価値がない」「自分が悪い」といった自己否定的認知やスキーマの形成があげられる。感情面では，トラウマ関連刺激に対する恐怖に加え，感情コントロールに困難をもつ。行動面では，トラウマ体験や被害体験の再現傾向があげられる。

3 ソーシャルスキルとトラウマの影響との関連

　トラウマの影響に関する重要な視点は，これらの状態像を観察すると，ソーシャルスキルの不足に見えることである。子どもの場合，感情の麻痺・回避・不安・過覚醒といった症状は落ち着きのなさ，集中できなさ，気の散りやすさ，イライラしやすさに現れる。また，人間関係上，自己を否定される体験を多くしている子どもは，些細な刺激に対して突然豹変して暴れるなど，感情を乱し

やすい。これらの状態像は，表面上は感情コントロールスキルの欠如として意識されがちである。しかし，この場合，トラウマの影響を考慮し，自己の安全を脅かす刺激に対する反応であると理解する必要がある。

　さらに，暴力的な行動をとったり，わざわざ相手にちょっかいを出したり，挑発するような言動をすることもある。これは，基本的かかわりスキル，仲間関係維持・発展スキル，共感スキルの欠如とみられやすくなる。しかし，暴力を受けた子どもが他者に対して暴力を振るったり，挑発するような言動をして相手から怒りや暴力を引き出したりする傾向は，トラウマ体験の再現傾向として理解することが適切であろう。さらに，人間関係が深まるにつれて，ルールを破るなど，信頼関係を壊そうとすることもしばしばみられる。ソーシャルスキルの視点から見ると関係維持・発展スキルの欠如と認識されることとなる。しかし，トラウマの視点で見れば，この現象はリミット・テスティングと呼ばれるもので，本当に信頼できるかどうかの試し行動，環境の受容性の限界の確認行動として理解できる（西澤，1999）。いずれにしろ，これらのような人間関係のもちかたをすると，対人関係の形成や維持を難しくする。うまくふるまえないことに対して，周囲にからかわれたり叱責されたりすることが重なれば，トラウマによって形成された否定的な認知と絡まり，問題を強化する悪循環構造となる。

　一方で，ソーシャルスキルの不足に見える状態像とは反対に，年齢に見合わない過剰なソーシャルスキルを発揮しているように見える状態像も見られる。たとえば，ネグレクトの環境で育ち，弟や妹の世話を家庭でしているような子どもは，妙に大人っぽくふるまったり，相手のことを過剰に気遣ったり，良い子であろうとしたりする。これは，自分が見捨てられないために獲得してきたものと考えられる。

　以上のような状態像に対し，ソーシャルスキルの発想で考えれば，未学習または誤学習のスキルに対して，新たに適切なスキルを学ばせるということになる。しかし，トラウマの影響を受けている場合，ソーシャルスキルの視点で理解する際には特別な配慮が必要となる。つまり，トラウマによって，子ども自身の心身に対する安全感や存在価値が揺らいでいることを考慮に入れてアプローチする必要がある。不足しているソーシャルスキルを単純に裏返して獲得さ

せるといった手順では不適切な場合も多くなる。

2 トラウマのアセスメント

したがって，子どもがトラウマの影響を受けているかどうかは把握しておきたい。もし，トラウマ体験の存在が確認または推測できれば，その影響をアセスメントする必要がある。子どものトラウマ反応を測定する道具には，次のようなものがある。

1 改訂出来事インパクト尺度（Impact of Event Scale-Revised; IES-R）（Asukai et al., 2002）

子ども本人にトラウマ体験後の反応を回答させる尺度である。DSMに対応した「再体験」「回避」「過覚醒」の主症状を測定する質問紙で，22項目5件法からなる。成人を中心にさまざまな対象に実施されており，工夫次第で子どもにも適用可能である。

2 子どものストレス反応調査（改訂簡略版）（Parent Report of The Child's Reaction To Stress; PR-CRS）（厚生労働省 外傷ストレス関連障害の病態と治療ガイドラインに関する研究班, 2001）

子どもの周囲の大人により，子どものトラウマに関する症状を多面的に評価する質問紙である。28項目6件法からなる。各項目を行動観察の目安として使用できる。

3 子ども版解離評価表（The Child Dissociative Checklist, version3; CDC）（厚生労働省 外傷ストレス関連障害の病態と治療ガイドラインに関する研究班, 2001）

子どもの周囲の大人により，子どもの解離症状を評価する質問紙である。20項目3件法からなる。アメリカでの研究では，総得点が12点以上の場合に解離性障害の疑いが強いとされる。臨床的には，各項目を解離症状の行動観察の目安として使用できるであろう。

4 子ども用トラウマ症状チェックリスト（Trauma Symptom Checklist for Children; TSCC; TSCC-A）(Briere, 1996a, b)

　子ども本人に回答させる自記式の質問紙である。54項目4件法からなる。2つの妥当性尺度（「過少反応」と「過剰反応」尺度）と6つの臨床尺度（「不安」「抑うつ」「怒り」「外傷後ストレス」「解離」「性的関心」）によってトラウマの影響を測定する。臨床尺度はトラウマ体験によって生じると考えられる症状をとりあげている。日本版では性的関心を含まない「TSCC-A」と全項目版の2つが翻訳されている（西澤・山本, 2009）。身体的虐待，性的虐待，子ども間の身体的・性的暴力の被害，深刻な喪失体験，他者の暴力の目撃，自然災害など広範囲のトラウマ体験が想定されている。

　ここにあげたものの他に，トラウマに関するアセスメントツールについては，柳田（2009）に詳述されている。

　子どもにとってトラウマ体験を語ることは苦痛であることも多く，語られないことも少なくない。これらの項目を参考に，トラウマ反応のような症状が見られる場合に，トラウマの存在を疑うこともできるであろう。

　トラウマの影響をアセスメントする際には，トラウマ体験の前後の違いについても把握しておく必要がある。ソーシャルスキルに着目すれば，トラウマ体験以前は，ソーシャルスキルがよく実行されていたが，トラウマ体験以後に実行されなくなることがある。このような場合に必要なことは，心身の安全感・安心感や悪化した認知の改善のためのアプローチである。トラウマの影響が改善すれば，トラウマにより発揮されなくなっていたスキルの実行は回復するであろう。

　一方，幼少期からソーシャルスキルを学習できる環境になかった場合や，トラウマ体験以前からソーシャルスキルの不足がうかがえる場合には，トラウマの影響の改善と併せてスキルの学習も意識して援助する必要がある。

　このように，トラウマ体験前後の違いの把握は，予後の予測や回復についての重要な情報源となる（柳田, 2009）。

3 トラウマからの回復とソーシャルスキル

　トラウマの影響を受けた子どもへのアプローチは，回復的接近と修正的接近に分けられる（Gil, 1991）。回復的接近はトラウマを直接扱う直面的アプローチである。これに対して，修正的接近はトラウマの影響を受けた認知面・感情面・対人関係面を扱う間接的アプローチである。

1　トラウマへの回復的接近

　トラウマに対する回復的接近は，トラウマに焦点を当て，不快な記憶を扱うものである。この領域では，PTSDについてさまざまな効果研究が行われており，トラウマ体験への暴露を含んだ認知行動療法やEMDRの有効性が指摘されている（National Institute for Clinical Excellence, 2005；Foa et al., 2000；中島，2008）。

　トラウマへの心理療法に関する研究を整理し，トラウマ解消のための段階や要素を指摘する研究もある。ハーマン（Herman, 1992）は，回復を「安全の確立」「想起と服喪追悼（トラウマのストーリーを再構成して語り，トラウマによる喪失を悼む）」「通常生活との再結合（未来を創造し自己成長させる）」の3段階に整理している。そして，この3段階は実際には直線的ではなく，回帰を繰り返しながら螺旋状に進行するものとしている。

　ヴァン・デァ・コルクら（van der Kolk et al., 1996）は，それまでのトラウマへの心理療法を整理し，「情緒的な安定性の回復」「トラウマとなった出来事の記憶と反応の条件づけの消去」「認知的スキーマの再構成」「安全な社会的関係の回復と対人関係の形成」「回復的な情緒体験」の5点が目的とされてきたと指摘している。

　西澤（1999）は，「安定化のプロセス」「トラウマへの直接的アプローチ」「認知的枠組みの再統合」「社会的関係の回復」の4段階に分けている。

　コーエンら（Cohen et al., 2006）は，子どもに対するトラウマ焦点化認知行動療法のプログラムでは，「心理教育（Psychoeducation）」「保護者への養育スキル訓練（Parenting Skills）」「リラクセーション（Relaxation）」「感情表出とコントロール（Affective Expression and Modulation）」「認知・感情・

行動の関係の理解（The Cognitive Triangle）」「トラウマの語り（Traumatic Narrative）」「トラウマ体験の処理（Processing the Traumatic Experience）」「トラウマ刺激の現実的対処（In Vivo Mastery of Trauma Reminder）」「親子同席面接（Conjoint Child-Parent Sessions）」「今後のためのスキル学習（Enhancing Future Safety and Development）」といった要素で構成されている。

このように，回復的接近では，過去の苦痛だった出来事を自分の中に統合して過去のものとして位置づけることを中核としている。この作業は，専門家によって適切に行われる必要がある。トラウマを受けた子どもが専門機関につながっていないのであれば，適切な機関にリファーして心理治療を行うという視点が必要である。そして，トラウマ記憶を処理した後に，対人関係など社会適応の援助として，ソーシャルスキルなどの役割が大きくなるのである。

2　トラウマへの修正的接近

トラウマへの修正的接近はトラウマそのものを直接扱わず，生活上の認知・感情・行動面を扱う。日常的な生活環境で修正的接近を行うものとして環境療法がある。これは，非行などに対応する施設で実践されてきた。

松永（2008）は，児童相談所の一時保護所でのソーシャルスキルトレーニング等を取り入れた環境療法の実践を報告している。そして，感情コントロールスキルの獲得には，ネガティブな感情を言語化することと，そのような感情を表出できる人間関係の重要性を指摘している。西澤（1999）も，虐待を受けた子どもに対する環境療法について，「安全感・安心感の再形成」「保護されている感覚（保護膜）の再形成」の2点を前提としている。そのうえで，「人間関係の修正」「感情コントロールの形成」「自己イメージ・他者イメージの修正」「問題行動の理解と修正」を治療的要素としてあげている。

トラウマの問題に限ったことではないが，学校カウンセリングでは，連携が必要と考えられる医療機関につなげられないケースも多く存在する（奥野, 2009）。医療機関につながった後でも，診断名や投薬もなく環境によるサポートが重要とされることも多い。トラウマの場合でいえば，回復しているとは言いきれないものの，診断基準にあるほどの症状はみられないような子どもも存

在する。このような場合でも，学校ではトラウマによる影響を考慮して，サポート環境を整える必要がある。環境療法は，主に入所施設で実施されてきたものであり，そのまま学校に適用することは難しいであろう。しかし，日常的なやり取りのなかで，安全で安心できる環境を整えて，間接的にトラウマの影響を受けた側面に働きかけるという発想は，学校関係者が学校内でトラウマを抱えた子どもに対応する際に参考となるであろう。

しかし，日本では，この領域では実践，調査研究ともに数が少ない。今後，この領域の研究の増加が望まれる。

3 トラウマからの回復におけるソーシャルスキル
(1) トラウマの心理的援助におけるソーシャルスキルの位置づけ

これまでに述べてきたように，回復的接近においては，トラウマ記憶を処理した後に，対人関係の援助が位置づけられている。回復的接近では，心理治療の中核としてトラウマ体験を直接扱う。トラウマに関する認知・感情・行動面の問題が解消されると，現実生活での再適応が図られる。このときに，周囲のサポートやソーシャルスキルは支えになる。一方，修正的接近においては，直接的にソーシャルスキル面の援助を行うことになる。いずれの場合においても，ソーシャルスキルの扱いは必要になることが多い。

近藤（2005）は，EMDRとIRRT（Imagery Rescripting and Reprocessing Therapy；イメージ再スクリプティングと再処理療法）を適用した事例を報告している。その中で，トラウマを扱う前に，アサーショントレーニングを先に行い，対人関係に変化をもたらすことが，怒りの低減に有効であったとしている。鈴木（2008）は，外傷（トラウマ）体験を意図的には扱わず，社会的関係を扱うことでクライエントの情緒の安定化を促進し，トラウマ記憶の想起や統合の基礎となったことを指摘している。

近藤（2005）は回復的接近，鈴木（2008）は修正的接近に相当すると考えられるが，いずれもソーシャルスキルの役割について示唆を与えるものである。久留（2003）は，回復過程において，「Happy and Positive Life Events（幸せで快的な出来事）」を日常生活でつくれるような介入の重要性を指摘している。西田ら（2009, 2010）は，大学生を対象とした調査研究ではあるが，ソーシャル

スキルの高さは，ポジティブライフイベントを引き寄せる可能性を高めることを示している。実際，ソーシャルスキルが高ければネガティブなフィードバックを受けることは減り，サポートを受ける機会も増えるであろう。自ら環境に働きかけて影響を及ぼす体験は，コントロール感を強化する。

　一般に，人間は乳児期に外界への安全を確立した後，児童期から思春期の間に社会適応に必要な多くのソーシャルスキルを獲得する。子どものように，ソーシャルスキルの学習に影響の大きい時期にトラウマの影響を受けた場合には，とくに人間関係面での援助が重要になると考えられる。

　先に紹介した，ハーマン（1992），ヴァン・デァ・コルクら（1996）や西澤（1999）では，日常生活や社会的関係の回復の面においてソーシャルスキル面での援助は部分的に必要となるであろう。同様に，コーエンら（2006）のプログラムでは，「感情表出とコントロール」や「今後のためのスキル学習」の段階でソーシャルスキルの獲得が位置づけられている。このように，トラウマの心理的援助において，人間関係や社会適応への援助は位置づけられているものの，実証的な研究は少ない。今後の課題であろう。

(2) ソーシャルスキルの援助における安全感確保の重要性

　ハーマン（1992）は，トラウマ援助において「安全の確立」が最も重要な段階であるとしている。この段階では，身体的な安全を確保し，心理的にも脅威を与えないかかわりが重要である。そして，情緒的な安定が得られたら，トラウマに直接的に働きかけ，記憶や認知の再構成を図る。逆に言えば，物理的な安全を保障し，援助者との安心できる関係が形成されていないとトラウマを直接扱うことができない。トラウマを扱ったうえで，実際の対人関係を積み重ね，日常生活での適応を目指す。修正的接近でも，安全感・安心感を基礎として，認知面・感情面を含めて対人関係の修正を目指す。このように，多くの研究で，トラウマへの援助の最重要事項として，情緒的な安全感・安心感の確保があげられている。

　したがって，学校ではソーシャルスキルを獲得するための前提条件を整えることが重要である。そのためには，子どもに安全感や安心感を提供することが必要である。安全感・安心感が確保されることで，感情表現が促進され，ソー

シャルスキルを獲得するだけでなく将来の適応を目指すことができる。関係者のかかわりとしては,「1人ではないこと」「安全であること」「子ども自身は悪くないこと」を伝え,ふだんの生活を心理的に支えるようかかわることが重要であろう。こうしたかかわりはトラウマへの援助全般に指摘されていることである。これがソーシャルスキルを学習する前提条件となる。子どもが安全感・安心感をもち,支えられている感覚をもてるようになることで,人間関係を心地よいものと感じられるようになる。このような体験の繰り返しが,自己・他者・外部環境への認知に変化を与える。

このように,ソーシャルスキルを援助する際にも安全感・安心感が確保されているかの視点は欠かせない。トラウマの影響を受けた場合には,表面上,ソーシャルスキル不足に見えるような側面もあるが,安全感の確保と安心できる援助関係の構築を行わないでスキル指導を行うといったことにならないように注意する必要があろう。

本章では,トラウマの影響と回復過程におけるソーシャルスキルの位置づけについて整理した。しかし,トラウマとソーシャルスキルとの関連については,トラウマ記憶の扱いに比べて研究の蓄積が多くない。今後,さまざまな実践研究や実証研究が望まれる。

4 【実践紹介】いじめ被害経験によりPTSD症状を示した小学生への援助

小学5年生のA（男児）は,小学3年生までに,周囲の集団から,よくからかわれたり,暴力を振るわれたりといったいじめの被害を受けていた。本人・家族とも,「加害者集団の変化は期待できない」と,転校して環境を変え,心機一転のやり直しを試みた。

しかし,引っ越してからしばらくして,とくに理由もないのに日常的にイライラするようになり,些細なことで怒って暴れたりするようになった。深夜になっても寝つけずに,家族に対して激しい怒りをぶつけるようになった。両親が,本児に何が起きたのかたずねたが「よくわからない」との反応だった。しかし,「いじめ」という言葉に過剰に反応し,いじめという言葉と前の学校を思

い出させるような言葉を使わないでほしいと叫んでいたという。数日後，落ち着いたときに，母親に対して，以前面白かったことを面白いと思えなくなったり，何年か前のいじめられた場面を自然に思い出して怒ったり，悪夢（何かに追われたり戦って負けたりする内容）によってうなされていることを語ったという。

　念のため，医療機関に通院したが，母親は主治医と相性が合わないと1回で通院をやめてしまった。薬を処方されたが，本人が飲みたがらないため，そのままにしているとのことであった。結局，症状は収まらず悪化する一方であり，カウンセラーである筆者のもとに母親が来談した。

　この事例では，まず母親と面接を行った。家庭では，本児が怒りを爆発させた際に，怒って叱りつけるという対応を行っていた。そのため，PTSD という言葉は使用せずに，苦痛な体験による反応とその回復過程について心理教育を行った。加えて，本児が落ち着いているときに肯定的なかかわりを増やすように提案した。本児が以前の苦痛や悪夢の報告をした場合，それを聞き，「つらかったこと」「こわかったこと」「嫌だったこと」「怒っていたこと」を聞き，「もう安全であること」「本児は悪くないこと」を伝え続けるように提案した。

　本児に対しては，個別面接（プレイセラピーと言語面接）を毎週継続した。プレイセラピーでは，心理的安心感を提供することに努め，カウンセラーに対する緊張が緩和されると，日常生活でも表面上，怒りの爆発の頻度や不眠の訴えは少なくなった。まもなく，本児と保護者の強い希望もあり，適応指導教室に通室するようになった。

　しかし，適応指導教室では，初日に年下の児童にしつこくちょっかいを出されて硬直することがあった。家に帰ってから大暴れし，以後，怒りの爆発や不眠の訴えの頻度が増えた。

　これを機に，適応指導教室・家庭と連携を取り，本児の反応がトラウマ性の体験によるものであることを共有し，安全感を確保し，「意見や感情を表出してもよい」と思えるような環境を整えるように努めた。また，本児への対応は，「感情の言語化」と「日常生活場面でできていることの強化」を続けた。

　もともと，いじめ被害を受ける以前から，本児は意見（とくに断ること）や感情の表現ができなかった。そこで，面接時には，表現の仕方は問わず表現す

ること自体を強調し，適応指導教室で少しでも意見や気持ちの表現をすると，スタッフが賞賛するかかわりを続けた。3ヵ月ほど続けると，適応指導教室では不愉快なことや面白くなかったことを話すようになった。それと同時に，家庭でも，理由もなく不安・イライラで暴れることはなくなり，嫌なことを認識し，言葉で表現できるようになった。睡眠も十分にとれるようになった。そして，断り方をスタッフや親に相談するようになった。実際に，ちょっかいを出されたときに断り，それによって相手が謝罪するといったエピソードがあった。これを嬉々として語り，自信を高めていた。その頃，家庭訪問に来た担任と初めて会うなどの変化もみられた。

　その後，担任が地道な家庭訪問を続け，一度誘いかけて夜間登校できたことを契機に本児に大きな変化が見られた。これまで話題として避けていた前の学校の近くまで行き，何ともないことを確認してきたのである。その後も紆余曲折はあったが，段階的に教室復帰を果たした。

　（プライバシー保護のため，その本質を損なわない程度に，複数の類似事例を組み合わせるなど，改変してある。）

文　　献

American Psychiatric Association (2000). *Diagnostic and statistical manual of mental disorders* (4th ed.) text revision. (アメリカ精神医学会／高橋三郎・大野　裕・染矢俊幸［訳］(2002). DSM-Ⅳ-TR 精神疾患の診断・統計マニュアル　医学書院)

Asukai, N., Kato, H., Kawamura, N., Kim, Y., Yamamoto, K., Kishimoto, J., Miyake, Y., Nishizono-Maher, A. (2002). Reliability and validity of the Japanese-language version of the Impact Event Scale-Revised (IES-R-J): Four studies on different traumatic events. *Journal of Nervous and Mental Disease*, **190**, 175-182.

Briere, J. (1996a). *Trauma symptom checklist for children.* Lutz, FL: Psychological Assessment Resources. (ブリア, J.［著］／西澤　哲［訳］(2009). 子ども用トラウマ症状チェックリスト（TSCC）金剛出版)

Briere, J. (1996b). *Trauma symptom checklist for children (TSCC): Professional Manual.* Lutz, FL: Psychological Assessment Resources. (ブリア, J.［著］／西澤　哲［訳］(2009). 子ども用トラウマ症状チェックリスト（TSCC）専門家のためのマニュアル　金剛出版)

Cohen, J. A., Mannariono, A. P., & Deblinger, E. (2006). *Treating trauma and traumatic grief in children and adolescents.* New York: Guilford Press.

Foa, E. B., Keane, T. M., & Friedman, M. J. (Eds.) (2000). *Effective treatment for PTSD: Practice guidelines from the International Society for Traumatic Stress Studies*. New York: Guilford Press (飛鳥井 望・西園 文・石井朝子 [訳] (2005). PTSD治療ガイドライン—エビデンスに基づいた治療戦略 金剛出版)

藤森和美 [編] (2005). 学校トラウマと子どもの心のケア 実践編—学校教員・養護教諭・スクールカウンセラーのために 誠信書房

福岡県臨床心理士会 [編] (2005). 学校コミュニティへの緊急支援の手引き 金剛出版

Gil, E. (1991). *The healing power of play: Working with abused children*. New York: Guilford Press. (ギル, E. [著] ／西澤 哲 [訳] (1997). 虐待を受けた子どものプレイセラピー 誠信書房)

小林正幸 (2008). EMDR トラウマ治療の新常識 不登校への適用 こころのりんしょうà・la・carte, **27**, 299-304.

近藤千加子 (2005). EMDRとイメージ中心の認知行動療法が心的外傷記憶の怒りの処理に奏功した事例 カウンセリング研究, **38**, 353-360.

厚生労働省 外傷ストレス関連障害の病態と治療ガイドラインに関する研究班主任研究者 金 吉晴 [編] (2001). 心的トラウマの理解とケア じほう pp.243-245; 246-248.

Herman, J. L. (1992). *Trauma and recovery*. New York: Basic Books. (ハーマン, J. L. [著] ／中井久夫 [訳] (1999). 心的外傷と回復 増補版 みすず書房)

久留一郎 (2003). PTSD—ポスト・トラウマティック・カウンセリング 駿河台出版社

松永邦裕 (2008). 非虐待児の環境療法における感情コントロールの援助—関係性におけるネガティブな感情の表出に注目して カウンセリング研究, **41**, 245-253.

中島聡美 (2008). 児童思春期のPTSDに対する心のケアと治療 思春期学, **26**, 213-218.

National Institute for Clinical Excellence. (2005). *Posttraumatic stress disorder (PTSD): The management of PTSD in adults and children in primary and secondary care*. Clinical Guidline 26. London: The National Institute for Clinical Excellence.

西田恵里子・奥野誠一・沢宮容子 (2009). 大学生のアサーションがライフイベントの体験に及ぼす影響 カウンセリング研究, **42**, 118-124.

西田恵里子・奥野誠一・沢宮容子 (2010). 青年期の友人関係における「自己表明」と「他者表明を望む気持ち」がライフイベントに及ぼす影響 心理臨床学研究, **28**, 687-692.

西澤 哲 (1999). トラウマの臨床心理学 金剛出版

西澤 哲・山本知加 (2009). 日本版TSCC (子ども用トラウマ症状チェックリスト) の手引き—その基礎と臨床 金剛出版

奥野誠一 (2009). 学校ができる二次障害への支援 齊藤万比古 [編] 発達障害が引き起こす二次障害のケアとサポート 学習研究社 pp.76-93.

鈴木常元 (2008). 外傷体験をもつ女性の心理療法における安定化に伴う記憶の回復 心理臨床学研究, **26**, 466-476.

Terr, L. C. (1991). Childhood traumas: An outline and overview. *American Journal of Psychiatry*, **148**, 10-20.

van der Kolk, B. A. (2005). Developmental traumadisorder: Towards a rational diagnosis for children with complex histories. *Psychiatric Annals*, **35**, 401-408.

van der Kolk, B. A., McFarlane, A. C., & Weisaeth, L. (Eds.) (1996). *Traumatic stress: The effects of overwhelming experiences on mind, body, and society*. New York: Guilford Press.（ヴァン・デァ・コルク, B. A.・マクファーレン, A. C.・ウェイゼス, L. ［編］／西澤 哲［監訳］（2001). トラウマティック・ストレス—PTSD およびトラウマ反応の臨床と研究のすべて　誠信書房）

栁田多美（2009). トラウマに関連したアセスメント　小山充道［編］必携臨床心理アセスメント　金剛出版　pp.398-412.

第10章

不登校

小林正幸 [1] – [6]
奥野誠一 [7]

1 不登校の実態

不登校は,「客観的な欠席理由が不分明なまま,学校に登校しない状態」のことである。文部科学省の学校基本調査統計では,年間30日以上欠席している児童・生徒を,「長期欠席」と呼ぶ。その中から,「病気による欠席」と「経済的理由による欠席」を除き,「何らかの心理的,情緒的,身体的あるいは社会的要因・背景により,児童生徒が登校しない,あるいはしたくともできない状況にあること」を「不登校」と定義している。

学校基本調査統計から導き出した図10-1, 2を見れば一目瞭然だが,平成3年（1991年）から平成13年（2001年）までの10年間での上昇は著しい。中学

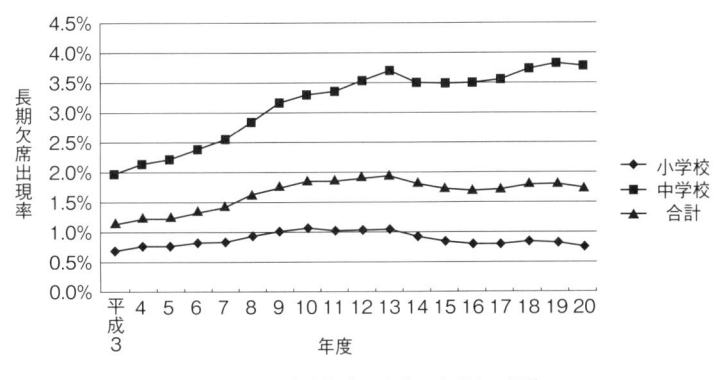

図10-1　長期欠席児童・生徒の出現率の推移

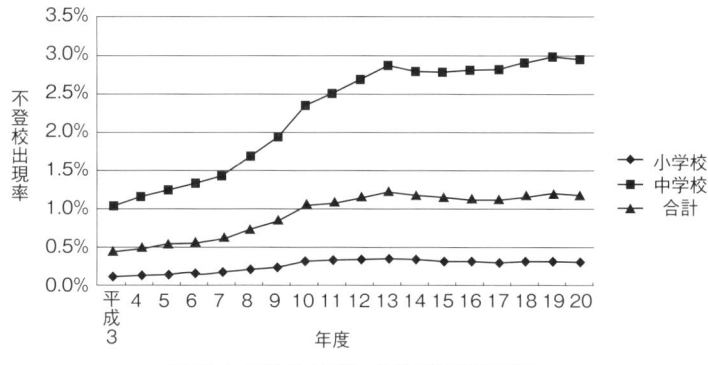

図 10-2　不登校の児童・生徒の出現率の推移

の不登校では，出現率で 2.5 倍に達し，その後も高い水準を維持している。

そもそも，「不登校」は，1940 年代までは，「怠休（怠学）」という言葉で括られていた（Broadwin, 1932）。狭義で怠学とは「学校に行きたくないから，行かない」というものである。その後，1940 年代から 50 年代にかけて，怠学とは異なったタイプが見出されるようになった。それらは，「学校の病（school illness）」「学校恐怖症（school phobia）」などと呼ばれた（Johnson, 1941；鷲見, 1960）。彼らには，「学校に行きたいけれども，行けない」点に特徴がある。このタイプは，70 年代から「登校拒否（school refusal）」という名称で呼ばれるようになった。しかし，近年では，「怠学」と「登校拒否」とが明確に分かれない場合が増え，冒頭に示したように，病欠など，明確な不登校の理由が客観的には認められない場合を，「不登校」と称するようになってきたのである。

2　不登校問題とソーシャルスキルの関連

1　不登校の形成要因とソーシャルスキルの関連

不登校の形成メカニズムについて，小林（2002，2003 など）は，「学校に不快なことがある」ためであるとした。その不快な場を避けることで，不登校の問題が起きる。表 10-1 は，不登校の追跡調査の結果だが，20 歳になった不登校体験者に，中学 3 年時のときの「不登校のきっかけ」をたずねたものである（現代教育研究会, 2001）。ここで示すように，不登校体験者には，「級友との関

表10-1　不登校のきっかけ

友人関係をめぐる問題	45.0%
学業の不振	27.6%
教師との関係をめぐる問題	20.8%
部活動	16.5%
入学・転校・進級でなじめない	14.3%
病気をしてから	13.2%
親子関係をめぐる問題	11.3%
とくに思いあたることはない	10.8%

係」「教員との関係」そして,「学業上の不適応」をきっかけと考えている者が多い。

　ここで示すように,多くの「不登校のきっかけ」は,学校環境との関係にあり,その中でも,友だちとの関係,教師との関係など,人間関係をめぐる問題が多い。いじめ・いじめられ関係に代表されるような仲間との関係の課題が,不登校の引き金になっているのである。

　友人関係の問題とは,「特定の子どもが友人に合わない」ことであり,それは「友人が特定の子どもに合っていない」と理解できる。これが関係の問題である。この問題が引き起こされる理由として,不登校になる子どもの他者へのかかわりへのソーシャルスキルの乏しさによるものもあろう。だが,関係の問題とは,学校場面で苦戦する仲間を助け,関係を回復,修復,調整していくソーシャルスキルが,周囲の子どもたちの側にも乏しいためと考えることもできる。

2　不登校未然防止とソーシャルスキルの関連

　以上で示したように,不登校を未然に防ぐうえでは,学校の子どもたちの多くが仲間関係を良好に保つスキルが重要であると理解できよう。これに関連して,学校の仲間関係とストレス反応との関連の高さは,さまざまな研究で示されてきた(たとえば,岡安ら,1992;嶋田ら,1993)。

　不登校の問題とソーシャルスキルとの関連で,東京都立多摩教育研究所

(1997) は，学校の楽しさと子どもの性格傾向の関連をとりあげ，社交性と耐性の両者が，学校適応と密接に関連するとした。この中の社交性は，「ソーシャルスキル」の一部と理解できる。また，登校意識との関連も追究されており，ソーシャルスキルが，友人関係や学校不適応感に及ぼす影響も明らかにされてきた（たとえば，戸ヶ崎ら，1995；戸ヶ崎ら，1997）。その中で，嶋田（2000）は，ソーシャルスキルトレーニングを含めた複数のストレスマネジメントの効果について検討している。それによれば，小学校を対象とした場合では，ソーシャルスキルトレーニングだけが，ストレス反応軽減効果が顕著に認められた。また，中学校を対象とした場合では，ソーシャルスキルトレーニング，セルフ・エフィカシーの向上，ソーシャル・サポートの三種類の手法のいずれもが，ストレス反応軽減効果が顕著に示されることを明らかにしている。

このように，子どものソーシャルスキルを学級単位で向上させる手法が，学校でのストレスを減少させ，学校適応感を向上させるのである。それだけに，不登校を未然に防止するうえでも，ソーシャルスキルの向上の重要性が明らかであると言えよう。このことから，6章でとりあげた「ソーシャルスキル教育」が，不登校の未然防止の側面でも，大きな役割を果たすと言えよう。

さて，ここで強調したいのは，不登校が危ぶまれている児童・生徒のスキルアップもさることながら，そのような仲間を支える周囲の児童・生徒のスキル全般を向上させねばならないことである。互いを支え合えるように，子どもをスキルアップできれば，仲間集団がソーシャル・サポートのリソースとして機能するようになることも期待できる。それゆえ，「ソーシャルスキル教育」で目指すのは，スキルの欠如している子どもにスキルを獲得させるのと同時に，スキルのある子どもにスキルの遂行を確かにさせることにあり，それが不登校の未然防止に役立つであろうと思われる。

3 不登校の維持・悪化段階とソーシャルスキル

1 不登校の維持・悪化のメカニズムとソーシャルスキルの関連

小林（2002, 2003）や早川ら（2009a）は，不登校の維持・悪化のメカニズムについて，以下のように指摘している。不登校が本格化すると，不登校を維

持・悪化させる要因が新たに生じ，不登校の結果，「行動面」「情動面」「認知面」の三要因が相互に影響を与える悪循環の構造がつくられ，それが不登校行動を維持，悪化させるように働くとしたのである。それによれば，「行動面」では，学校を避けたことが安堵感を生みだし，その安堵感が学校に行かないことを強める。また，「情動面」では，学校での嫌な場面を繰り返し想像し，学校への不快感を繰り返し感じる。それが，学校への不快感を増す。一方，「認知面」では，「登校せねばならない」と思っても，学校への行きにくさや学校への不快感が増すので，思いどおりに登校できなくなる。この感覚が，認知面での自己概念を悪化させていくとしたのである。

　このように，問題の維持・悪化要因が絡み合い，不登校が本格化するのである。この場合では，再登校後や，社会適応などの段階を視野に入れ，不登校の期間に被った教育的な空白を補いながら，将来の適応をよりよいものにするための力を蓄えさせることに力を注ぐ必要が生じる（小林，2008）。このとき，「将来の適応に役立つ力」として，ストレスに対処するためのスキル，すなわち，コーピングスキル（coping skills）が必要となる。

2　不登校支援で必要なコーピングスキルの視点とは

　不登校の支援を行う際には，以上の観点から，その子どものストレスに対処できるスキル（コーピングスキル）をアセスメントし，その子どもの先々の学校適応や社会適応に役立つスキルを特定する必要があろう。

　この視点の端緒となったのが，東京都立多摩教育研究所（1994）の研究である。これは，数多くの不登校事例を収集し，相談担当者がチェックしたものをもとに，「非社会的」と「耐性欠如」の2軸の視点を導き出したものである。その2軸をもとに事例を4つに分類し，その支援方法を整理した。

　それによれば，非社会的で耐性が欠如しているものを「育てる群」，耐性が欠如しているものを「耐性をつける群」，また，非社会的な群を「気持ちの解放を図る群」，両者に課題がない群を「進路の適応を図る群」と命名した。これは，コーピングスキルに応じた具体的な指導方針を結び付けたものである（これについては，小林（2002）に詳しい）。

　これと同じ発想で，早川ら（2009a）は，以上の2つの軸に，さらに「感情の

表10-2 コーピングスキルのチェックリスト (早川ら2009a)

非社会性	耐性欠如	感情コントロールの課題
□孤立感がある	□自己中心性がある	□不快な感情を表現することが苦手
□内向的である	□ストレスに逃避的である	□感情の起伏が激しい
□緊張しやすい	□幼稚さがある	□怒りをうまく収められない
□集団での遊びを好まない	□楽観的である	□乱暴な言動がある
□周りの刺激に敏感である	□過度の依存や甘えがある	□キレやすい

コントロールの課題」の軸を加えた8タイプを想定した。そして，さまざまな地域で，教師に向けたコンサルテーション例を展開し，それを具体的に例示しつつ，教師が不登校事例に関わる際の具体策を詳細に提案している。表10-2は，早川ら（2009a）の「非社会性」「耐性欠如」「感情コントロールの課題」の3側面のコーピングスキルの課題を見出すためのチェックリストである。各項目へのチェックが多い場合ほど，各コーピングスキルに課題があると捉えることができる。早川ら（2009a）の3軸の中で，「非社会性」と「感情のコントロールの課題」の2軸は，ソーシャルスキルの課題を示すものであると言えよう。

4 不登校支援に必要なアセスメント―ソーシャルスキルを中心に―

そこで，以下では，「非社会性」と「感情コントロール」の視点を中心に，不登校の子どもの支援の際のソーシャルスキルに関するアセスメントを述べることにしよう。

1 「非社会性」の視点から見たアセスメント

不登校の子どものソーシャルスキルで，「非社会性」の高さに該当するのは，過去に，仲間関係を円滑に結んでいた体験が少なく，とくに児童期に仲間関係が少なく，放課後などにもあまり友人と遊んでこなかった場合である。これが「ソーシャルスキルの欠如」の問題である。このタイプの不登校では，仲間の形成・維持のスキルや，社会生活を営むのに必要なソーシャルスキルの獲得を意識しなければならないであろう。

一方，児童期の対人関係には問題がないにもかかわらず，不登校の開始前後

に，非社会的になる場合がある。これが，「ソーシャルスキルの遂行」の問題である。この場合では，仲間関係の中での疎外体験や孤立体験，さらに，いじめられ体験がある場合や，不登校になったことに傷ついて，人間関係を狭めてしまう場合などである。

以上のように，現時点で非社会的でも，もともと非社会的であったか否かで，分けて考える必要があろう。

2 「非社会性」の視点から見た支援

(1) ソーシャルスキルの改善

「非社会性」の強い不登校の子どもに必要なことは，良質な人間関係の中に置き，スキルを教え，スキルを遂行させ，そのようにした方が良かったと思える体験を繰り返し与えることである。高下ら（1993）は，社会的ひきこもりの強い不登校の児童に社会的スキル訓練を行い，非社会性を改善することで，不登校が改善したことを報告している。また，小野（2006）は，不登校の再登校支援に関して，個別支援計画のためのダイヤグラムを作成する手法で成果をあげている。その中で，支援の際に必ず必要な支援領域として，「学習指導，社会的スキル，身体的状況」をあげ，再登校の準備段階では，面接場面で，ロールプレイングを活用したソーシャルスキルのシェイピングを行う必要性があることを強調している（表10-3参照）。

非社会性が強い場合とは，小野（2006）の段階で言えば，最低の段階0や1の場合などであると考えられ，不快感を他者に伝え，それを受け取ってもらう体験を重ねることから始めることが重要であろう。

表10-3 再登校準備段階評価表の社会的スキル領域の段階 （小野, 2006）

段階0	発語がない（保護者が代わりに喋る等）
段階1	基礎的なスキル（挨拶，他者称賛，謝罪）
段階2	段階1に加えて，要求を相手に言える（質問できるも含む）
段階3	段階1，2に加えて，相手に主張（断る，止めさせる）ができる

(2) 生活空間の拡大

一方，小林ら（1995）は，不登校行動の改善に対して，「生活空間の拡大」を相談の初期段階から行うことが，不登校の改善に大きな影響力をもつことを検証した。不登校事例では，適応指導教室や補習塾など，仲間関係をつくることのできる場に誘導することも多く，その場で非構成的にソーシャルスキルを向上させる場合が多い。不登校支援で，ソーシャルスキルトレーニングを用いた実践研究も散見されるが（幸・夏野，1998），構成的にスキルアップをする手法は，スキル欠如が強い子ども達に，より有効ではないかと推測される。

また，生活空間の拡大は，ソーシャルスキルがありながらも，現時点で非社会的になっている子どもにも必要なかかわりであろう。このタイプは，対人関係面での挫折や，理想とする自分との距離に苦しんでいることが多く，その面での整理や心理的なケアも必要な場合も多い。

なお，生活空間の拡大が目指すのは，ソーシャルスキルの向上だけではない。思春期年齢以降の子どもでは，親近感を抱く友人や，年齢の接近した少し年長の者と親密な交流を重ねることや，対人関係面での不安や緊張を減らし，関係づくりに自信を抱けるようにすることも，同時に目的となる。

一方，再登校を目指すことは，生活空間拡大の一環とも言えよう。小野（2006）は，不登校の個別支援計画のダイヤグラムを，「相談室への通所状況」と，学校接近状況として「対教師関係」「対友人関係」「教室接近状況」の領域に分割し，それぞれの領域で，スモールステップを組みながら，子どもと目標を共有し，互いに評価しつつ，再登校を支援する手法を提唱し，成果をあげている。

3 「感情コントロールの課題」の視点から見たアセスメント

「感情コントロールの課題」では，大きく三種類のタイプに分かれる。第一は，感情表現を抑制してきたために，感情を乱したときに，回復に時間がかかる場合や，感情の乱れが激しい場合である。これは過剰適応の「よい子」に多く，不登校などの挫折を契機に，家庭内暴力などの攻撃性や感情の乱れを示す場合もある。比較的「耐性」がある群に多い。

第二に，わがままで情緒不安定な一群がある。子どもの不快な感情表出を回

避するために，本人の要求を察して事前に手を打ってきた場合や，周囲のかかわりが一貫していなかった場合などに多い。そのため，情緒が不安定なうえに，周囲を振り回しやすい。これは「耐性」の低い者の中に，多く見受けられる。

　第三は，幼いときからの感情コントロールの方法を身につけていない場合である。保護者の養育能力が弱いなどの理由で，感情コントロールが育てられていないことが多い。

4　「感情コントロールの課題」の視点から見た支援

　第一の「感情を抑制されてきたタイプ」への支援の基本は，不安や緊張のみならず，怒りや悲しみなど，さまざまな感情表現を促し，他者がそれを受け止めること，そこで示す不快感の表現を社会的に容認される要求の形で表現させていくことが基本になっていく。

　第二の「わがままで情緒不安定なタイプ」に対しては，行動面での逸脱を許容しないのと同時に，不快に感じつつも，その不快感の中に留まることを承認することから始め，感情の背後にある本人の願望を表現することを手伝い，表現方法を丁寧に教えていくことが重要である。

　第三の「感情のコントロールを身につけていないタイプ」では，感情面での育成を丁寧に，基本から育てるようにかかわらねばならないだろう。その基本とは，子どもの表情を見ながら，そこで流れる感情を言葉で代弁することである。そこから始め，上記の「感情を抑制されてきたタイプ」への支援と，「わがままで情緒不安定なタイプ」で行うことを複合的に重ねていかなければならない。

　この感情コントロールを向上させる意味では，小林・宮前（2007）が，感情表現を豊かにするソーシャルスキルトレーニングを提唱しているが，ここで示されている支援方法が，不登校の未然防止のみならず，治療場面で応用されることも期待される。

　なお，本章では，耐性について，とりあげる余裕がないが，手順としては，これまで述べてきた感情コントロールの課題の解消や，ソーシャルスキルの向上が，耐性の向上以前の段階で取り組まれる必要があると思われる（小林，2002）。

5 コーピングスキルの視点による不登校未然防止と再登校援助の効果

　早川ら（2009a）は，先述の表10-2で示したチェックリストで示す3種類のコーピングスキルの視点を基本に，「個別支援シート」と称する不登校未然防止のためのアセスメントツールをつくりあげた。欠席日数が一定程度見られた子どもについて，A4判1枚のシートを教師が評価するものである。

　これをもとに，区市単位や学校単位で，不登校児童・生徒にかかわる教師に，コンサルテーションを行う不登校対策の手法を開発し，各地で成果をあげている。たとえば，埼玉県熊谷市では，個別支援シートや小中連携申し送り個票の中で，非社会性や耐性などの視点が切り分けられ，それに基づいて，紙面による教師へのコンサルテーションを実施し，3年間で不登校児童生徒数を3割，総欠席日数で6000日減少させた（小林ら，2008；小林・小野，2005；小林ら，2006）。神奈川県南足柄市では，小中連携支援シートの導入で，わずか1年で不登校が半減し，埼玉県秩父市では，3年間の小中連携支援シートに基づく支援で，不登校出現率が中学校で2％，小学校で0.1％にまで減少している（早川ら，2009b）。これ以外にも，新潟県新潟市（小林ら，2009）や埼玉県新座市（早川ら，2007）でも，小中連携支援シートによる成果は示されている。

　このように，不登校の未然防止や再登校支援の際に，ソーシャルスキルを含めたコーピングスキルのアセスメントと，それを含めた専門家による支援方法の提案と，それを受けての教師のさまざまな支援が，不登校の減少に劇的な成果を生むことが検証されてきているのである。

6 不登校の予後とソーシャルスキルとの関連について

　以上のように，ソーシャルスキルの向上は，不登校の未然防止でも，再登校の支援でも，重要な役割をもつものである。これに加えて，不登校の予後を見通しても，ソーシャルスキルの向上が重要なことも明らかになってきている。

　東京都青少年治安対策本部（2008）の調査によれば，東京都内の15歳から34歳までのひきこもり者の調査から，最低でも出現率は0.72％で，都内に2万5千人いると推計されている。この調査の中で，不登校が継続してひきこもる

不登校遷延型と呼ばれる者は，従来，考えられていたほど多くなく，就職後に職場からはじき出される形でひきこもる場合の方が多いことが示された。

　しかし，「不登校」に象徴される学校での不適応体験が，ひきこもりと無関係ではなく，ひきこもりの場合，その34％が「不登校」を経験し，一般群の5％に比較してはるかに多く体験していた。さらに，不登校に限らず，さまざまな学校不適応を体験した者が多かったことも明らかになっている。

　しかし，注目に値するのは，「ひきこもり」に一番関連するものが，「対人スキルの苦手さ」であることが明らかにされたことである。とくに，「親友」や「信頼できる友達」など，親密な友人関係を結んだ経験や，「友達とよく話した」体験が少ないことが，「ひきこもり」に至るか否かを分ける分岐点となることが示された。これを踏まえて，小林（2009）は，「友人関係の体験の多さと，同世代の仲間と親密な関係を形成，維持し，そこで心地よい体験をすることが，挫折から社会的な接触の遮断という流れを抑止する」ことを指摘している。

　これまで述べてきたように，ソーシャルスキルは，不登校を未然に防止するうえでも，再登校の準備段階で支援するうえでも，再登校の支援の局面でも，そして，その後のひきこもりなどの社会的な不適応を予防するうえでも，重要なカギとなる概念である。そして，不登校に関わるあらゆる側面で，ソーシャルスキル面の改善と，豊かな人間関係体験の機会を設ける必要があると思われる。

7　【実践紹介】友人関係がうまくいかずに不登校になった小学生への援助

　小学5年生のA（女児）は，仲良しグループの中で中心的な存在で行動力のある子どもであった。しかし，グループの児童から強引であることや，思いどおりにしようとすることを責められることがあり，不登校状態となった。担任はグループの児童に指導し，嫌っていて言ったわけではないことを聞きだした。そのため，本児にそのことを伝え，謝らせようとしたが，会いたくないと拒否された。改善の兆しが見られず，カウンセラーである筆者のもとに母親と担任教師が来談した。

　母親は，子どもにはよくあるちょっとしたトラブルとの認識から，無理にで

も行かせたほうがよいと思っていた。しかし，固まってしまって動かないため，ふつうではないと感じたと言う。また，学校での本児のふるまいは，自身の本児への接し方に似ていると語った。家庭では，何かをする時には母親が手順や方法を決めていたと言う。

一方で，担任教師からは，他の児童が言うほど強引には見えなかったが，振り返ってみると，本児の考えによって物事が進んでいた面はあったとのことであった。

この事例では，まず，母親の面接を行い，家庭での母子のコミュニケーションパターンを変え，母親が本児の傷つきを受けとめることを図った。同時に，担任にはできるだけ電話や家庭訪問で接触を続けてもらうよう依頼した。

母親は，これまでの接し方を省みて，本児の考えや意見を聞くようにした。本児は，母親の接し方の変化にはじめは戸惑ったようだが，次第に自分の考えや意見を表現するようになった。その結果，家庭では元気に過ごせるようになった。また，友人に言われたことでショックを受けたことを語るようにもなった。

その後，保健室登校をするようになったが，クラスメートとの接触は避けていた。また，養護教諭や担任に，相手の子どもたちは本児のことをどう思っているかをしきりにたずねた。担任がグループの友人たちに直接謝らせる機会を提案すると，本児も謝りたいと言い，保健室で謝る練習をした。養護教諭は非構成的に謝るスキルを教え，リハーサルさせた。最終的には，双方が謝罪することでグループの関係悪化は一応の収束をみた。交友関係も再開し，教室で過ごす時間も増えた。

しかし，本児は，友人たちに対して「指示」したり，頼まれたり誘われたりしたときには「ダメ」「ヤダ」と「冷たい」断り方をしていた。担任が言い方について指導したところ，本児には自覚がなかった。

本児は，ものの言い方について考えたいと希望し，来談することになった。「ソーシャルスキル」の説明に興味を示し，継続的に面接を行うこととなった。面接では，断り方について，「謝って」「断る理由を伝え」「はっきり断り」「できる条件などの代わりの案を伝える」ことを教示した。そして，2人で状況に応じた案をいくつかあげて「他の人にとってもマルで，自分にとってもマル」

「(法律を破らない) 安全な方法」という基準で有効性を評価した。日常生活の中で意識して使うことを促したところ，養護教諭や担任を相手に，自分の考えた方法を披露しリハーサルしていた。実際に，断る場面を担任が見ており，肯定的に評価したことで，自信を深めることとなった。また，「他の人にも自分にもマル」になる言い方を考えることで，断り方以外の言い方にも気を配るようになった。しばらくは保健室と教室を併用していたが，長期休み明けから完全に教室復帰を果たした。

　本事例では，教師の働きかけもあり，本児が対人場面でのふるまいについて考えるようになった。謝り方のスキルを含め，養護教諭の役割が非常に効果的であった。保健室でのリハーサルによって般化が促進されたと考えられる。また，実際にスキルを用いた場面で担任から直接フィードバックされたことも本児が自信を深め，スキルが定着した要因であると考えられる。

　(プライバシー保護のため，その本質を損なわない程度に一部を改変してある。)

文　献

Broadwin, I. T. (1932). A contribution to the study or truancy. *American Journal of Orthopsychiatry*, **2**, 253-259.

現代教育研究会 (代表：森田洋司) (2001). 不登校に対する実態調査―平成五年度不登校生徒追跡調査報告書　文部科学省委託研究

早川惠子・沢宮容子・原口政明・平野千花子・小林正幸 (2007). 自主シンポジウム　教育委員会主導の不登校・学校不適応の対策の成果と課題―熊谷市・新座市はなぜ成果をあげたのか　日本カウンセリング学会第39回大会発表論文集, 70.

早川惠子・副島賢和・大熊雅士 (2009a). 小林正幸 [監]　学校でしかできない不登校支援と未然防止―個別支援シートを用いたサポートシステムの構築　東洋館出版社

早川惠子・副島賢和・小林正幸・大熊雅士・櫻田 淳・米山 伸 (2009b). 学校でしかできない不登校支援―「小中連携支援シート」サポートシステムの成果と課題　日本教育心理学会第51回総会発表論文集, S60-S61.

Johnson, A. M., Falstein, E. I., Szurek, S. A., & Svendsen, M. (1941). School phobia. *American Journal of Orthopsychiatry*, **11**, 711-720.

小林正幸 (2002). 先生のための不登校の予防と再登校援助―コーピングスキルで耐性と社会性を育てる　ほんの森出版

小林正幸 (2003). 不登校児の理解と援助―問題解決と予防のコツ　金剛出版

小林正幸 (2008). 不登校　小林正幸・橋本創一・松尾直博 [編] 教師のための学校カウ

ンセリング　有斐閣
小林正幸（2009）．不登校・ひきこもり問題からみたコミュニケーション欠如の問題　ストレス科学, **24**(1), 16-23.
小林正幸・小野昌彦　（2005）．教師のための不登校サポートマニュアル―不登校ゼロへの挑戦　明治図書
小林正幸・宮前義和　（2007）．子どもの対人スキルサポートガイド―感情表現を豊かにするSST　金剛出版
小林正幸・田中陽子・神村栄一　（1995）．不登校事例の改善に関する研究―登校行動改善の規定要因　カウンセリング研究, **28** (2), 131-141.
小林正幸・平野千花子・伊藤　透・木村　愛・江尻華奈・金ヨンミン・早川惠子・村松綾子　（2006）．不登校半減計画プロジェクトに対する学校関係者の評価に関する研究―不登校問題の改善効果とプロジェクトに対する評価を中心に　東京学芸大学紀要 総合教育学系, **57**, 415-426.
小林正幸・早川惠子・河内絵莉子・杉山寛子・副島賢和・岩岡由香里　（2009）．学校でしかできない不登校対策―支援シートを失敗する学校と成功する学校―日本カウンセリング学会第42回大会発表論文集（自主シンポジウム), 51.
文部科学省　（2009）．学校基本調査
岡安孝弘・嶋田洋徳・丹羽洋子・森　俊夫・矢冨直美　（1992）．中学生の学校ストレッサーの評価とストレス反応との関係　心理学研究, **63**, 310-318.
岡安孝弘・嶋田洋徳・坂野雄二　（1993）．中学生におけるソーシャル・サポートの学校ストレス軽減効果　教育心理学研究, **41**(3), 302-312.
小野昌彦　2006　不登校ゼロの達成　明治図書
嶋田洋徳　（2000）．児童生徒の心理的ストレスと学校を基盤としたストレスマネジメント実施に関する研究　科学研究費補助金研究課題番号：11710056
嶋田洋徳・岡安孝弘・戸ヶ崎泰子・坂野雄二・上里一郎（1993）．児童における社会的スキルのストレス緩衝効果　日本行動療法学会第19回大会発表論文集, 96-97.
嶋田洋徳・戸ヶ崎泰子・岡安孝弘・上里一郎・坂野雄二　（1994）．学校ストレスと登校意識の関連（2）―中学生を中心とした検討　日本行動療法学会第20回大会発表論文集, 64-65.
高下洋之・杉山雅彦　（1993）．不登校を伴う社会的引きこもり児に関する社会的スキル訓練 日本特殊教育学研究, **31**(2), 1-11.
戸ヶ崎泰子・秋山香港・島田洋徳・坂野雄二　（1995）．中学生の社会的スキルが友人関係と学校不適応感に及ぼす影響　日本教育心理学会第37回総会発表論文集, 557.
戸ヶ崎泰子・岡安孝弘・坂野雄二　（1997）．中学生の社会的スキルと学校ストレスとの関係　健康心理学研究, **10**(1), 23-32.
戸ヶ崎泰子・嶋田洋徳・秋山香澄・坂野雄二　（1994）．学校ストレスと登校意識の関連（1）：小学生を中心とした検討　日本行動療法学会第20回大会発表論文集, 62-63.
戸ヶ崎泰子・嶋田洋徳・坂野雄二・上里一郎　（1994）．小学生における人間関係の不適応に関する研究 日本心理学会第58回大会発表論文集, 412.

東京都青少年治安対策本部　(2008)．実態調査からみるひきこもる若者のこころ―平成19年度若年者自立支援調査研究報告書　東京都
東京都立多摩教育研究所　(1994)．不登校事例の再検討　東京都立多摩教育研究所研究報告書
東京都立多摩教育研究所　(1997)．学校に関する意識の検討―学校の楽しさをめぐって　東京都立多摩教育研究所研究報告書
鷲見たえ子　(1960)．学校恐怖症の研究　精神衛生研究, **8**, 27-56.
幸美砂子・夏野良司　(1998)．登校拒否生徒に対するアサーショントレーニングの適用―適応指導教室での実践例の分析　教育心理学会40回総会論文集, 381.

第11章

いじめ

齊藤真沙美 [1] - [4]
早川　惠子　　[5]

[1] いじめとは

　文部科学省（2009）の調査では，「いじめ」を「当該児童生徒が，一定の人間関係のある者から，心理的，物理的な攻撃を受けたことにより，精神的な苦痛を感じているもの」と定義し，個々の行為が「いじめ」に当たるか否かの判断は，表面的・形式的に行うことなく，いじめられた児童生徒の立場に立って行うものとしている。また，起こった場所は学校の内外を問わないとされている。この調査によるいじめの認知件数の合計は約8万5千件と，前年度（約10万1千件）より約1万6千件減少しており，前年度に引き続き減少傾向を示している。しかし，多くのいじめの実態調査が指摘しているように（森田・清水，1994；滝，1996など），「見えにくい」とされるいじめの実態を実証的に明らかにすることは困難である。いじめの定義の難しさに加え，いじめを認知することの難しさも実態把握の大きな障害となる。

　森田・清水（1994）は，いじめを「同一集団内の相互作用過程において優位にたつ一方が，意識的に，あるいは集合的に，他方に対して精神的・身体的苦痛をあたえることである」としている。そのうえで，現代のいじめ集団の構造を「加害者（いじめっ子）」「被害者（いじめられっ子）」「観衆（はやしたてておもしろがって見ている子）」「傍観者（見てみぬふりをしている子）」の四層構造で示している。いじめは，この四層構造が複雑に絡み合って学級集団全体のあり方のなかで起こっている問題である。とくに「観衆」と「傍観者」は，い

じめを助長するのか抑止するのかを左右する要因となる。

　この四層構造をもついじめ集団に解決の糸口を与えるのが「仲裁者」の存在である。「仲裁者」は「傍観者」の中でいじめを否定的に捉え，解決に向かう働きかけをする子どもたちであり，いじめを止める行動を起こすことで集団の中にいじめに対する抑止力を生じさせる。彼らがその機能を果たすためには「観衆」や「傍観者」の支持が不可欠となる。しかし，現代のいじめにおいては，この「仲裁者」が攻撃の対象になることも少なくなく，抑止力が生じにくい。その結果，「観衆」はいじめを積極的に是認し，「傍観者」はいじめを暗黙的に支持し，いじめを促進することになる。そして，この立場は常に入れ替わる可能性をはらんでいる。

　森田（2001）は，他の先進諸国と比較した日本のいじめの特徴として，以下の点をあげている。

　①教室内で多人数が少数をいじめるタイプが多い。
　②よく遊んだり話したりする友だちからいじめられることが多い。
　③立場の転換が少なく，被害者・加害者の関係性が固定化しやすい。
　④いじめの発生率そのものは低いが，周囲の認知率は低い。
　⑤学年が上がるにつれて，傍観者が多くなり，仲裁者が減り，抑止力が機能しない構造になる。

　これらの特徴により，いじめ問題は深刻化する可能性が高く，適切な援助につなげることは容易ではない。しかし，いじめ問題は子どもたちの心に深い傷を残し，その後の人間関係にも大きな影響を及ぼす。不登校や心身疾患などの二次的な問題を引き起こすことも少なくなく，早期発見・早期対応のみならず，未然防止が求められ，学校現場においては依然として重要な課題であると言える。

2 学級の中のいじめ問題

1 いじめ問題とストレス

　いじめが起こるメカニズムにはさまざまな要因が複雑に絡み合っていると考えられるが，多くの研究者が，いじめは，学級集団のあり方の中で発生する問題であると捉えている。ゆえに，子どもたちの「関係性の問題である」といえる。そして，因果関係については明言できないものの，このいじめ問題を理解する際の視点として，ストレスの存在が指摘されてきている。

　滝（1996）は中学生を対象に調査を行い，いじめの加害経験のある者は，教師への不満・反発，授業への不適応，勉強抑圧感が強いという結果を示しており，不適応の結果，いらだちや不満・不安，あるいはそれに起因する攻撃的な感情が生じている可能性を示唆している。

　岡安・高山（2000）は，被害経験のある生徒は，ストレス症状が全般的に高く，関係性攻撃（無視・悪口など）の被害経験のある生徒は，とくに抑うつ・不安傾向が高いことを報告している。さらに，学業に関するストレッサーの経験頻度と嫌悪感が高いという結果も得ている。また，加害経験のある生徒は，不機嫌・怒りや無気力のレベルが高く，教師との関係が良好でない者が多いことを明らかにしている。

　このことから，いじめ問題に対応する際には，いじめ被害者のストレスの高さもさることながら，加害者のストレスの存在にも注目する必要性があると言える。さらに，当事者だけではなく，いじめを目撃した周囲の子どもたちへの影響も十分に考慮した対応が求められる（松尾, 2002など）。

2 いじめ問題に影響を与える学級のあり方

　いじめは，学級内の子どもたちの関係性の中で起こるということは先述したとおりである。では，そのいじめの現場となる学級のあり方は，この問題とどのように関連しているのだろうか。

　滝（1996）は学級の雰囲気といじめの発生との関連を調査して以下の特徴を指摘している。

①ストレス感情（なかでも暴力的欲求）が強い学級では，いじめにかかわる人数が多い。
②排他性の弱い学級では，いじめにかかわる人数が少ない。
③いじめに対する判断が良好な場合，ストレス感情が高くてもある程度の抑止力をもつ。ただし，決定的なものとは言えず，逆にいじめ行為に対する判断に問題があっても，排他性やストレス感情に問題がなければ，ただちにいじめ発生に結びつくことはない。
④凝集性が強いほうが，いじめに関わる人数が少なくなる。ただし，それが排他性に結びつく場合には，いじめの原因になる可能性がある。むしろ，自分本位ではあっても我関せずといった姿勢のほうが，発生を抑えることがある。

河村（2007）は，「学級満足度尺度」を用いて学級を5つに分類しているが，そのうち以下の4つの学級状態におけるいじめ発生率の違いについて明らかにしている。

・「満足型学級」：学級内のルールが定着しており，教師と子ども，子どもたち同士の間で，親しい人間関係が形成されている学級
・「管理型学級」：学級内のルールは定着しているものの，認められていると思う子と思わない子の差が大きく，子どもたちの人間関係も希薄で，静かだが活気のない学級
・「なれあい型学級」：学級内のルールの定着が低く，元気でのびのびしているものの，子どもたち同士のトラブルが多い学級
・「荒れ始め型学級」：「管理型」や「なれあい型」の状態のまま具体的な対応がなされずにそれぞれのプラス面を喪失し，マイナス面が強く表れ，荒れ始めた学級

いじめの発生率は，小学校では「満足型学級」に比べ，「管理型学級」で約2.4倍，「なれあい型学級」で3.6倍であるという結果を示している。中学校でも「満足型学級」に比べ，「管理型学級」で1.6倍，「なれあい型学級」で2倍，

「荒れ始め型学級」で5倍となっている。

「満足型学級」のように良好な風土（個々の学級がもつ心理社会的な個性）をもつ学級では、いじめも少なく、支援も受けやすい一方で、そうでない学級ではいじめも多く、支援も受けにくい可能性も示唆されており（伊藤, 1997）、個々の子どもの要因を超えた学級のあり方の影響は大きいと言える。

3　いじめ問題の早期発見

いじめは、周囲には見えないところで行われることが多く、その行為が正当化されたり、「ふざけ」との区別がつきにくかったりすることから、その発見は困難をきわめる。しかし、深刻な事態に至らないようにするためにも、早期発見、ひいては未然防止に努めることが求められる。

いじめの早期発見のための対策としては、行動観察や面接などのさまざまな方法が提案されている（菅野, 1995など）。日頃から子どもたち、一人ひとりの様子を丁寧に見とって、声をかけ、変化を見逃さずにいることは当然のことのようではあるが、いじめを早期発見するためには非常に重要なことである。しかし、日々のこのようなかかわりからいじめを発見することは容易ではなく、児童・生徒数が多い場合には限界があるため、質問紙調査を対策の中心に置くのが効果的である（岡安・高山, 2000）。その際、単に現在いじめられているか否かを問うだけでは、本人に「いじめられている」という自覚がなければ回答には反映されない。そこで、行動レベルでの具体的な被害経験や頻度を問う質問項目を設定する必要がある。また、自覚があったとしても被害者の心情として、恐怖心や不信感などから真実を回答できない可能性も考えられる。そのため、ストレス症状やストレッサーについても調査することにより、子どものストレス状態を把握することができ（岡安ら, 1992；岡安ら, 1993など）、前述のいじめ問題とストレスとの関連性を考慮すれば、この結果も早期発見の1つの指標として捉えることができる。

さらに、学級のあり方がいじめ問題に影響を与えている可能性を加味すると、学級の特徴を把握することも、いじめ発見の一助になると推測される。たとえば、「学級満足度尺度」（河村, 1999）や「学級風土質問紙」（伊藤・松井, 2001）などを用いることにより、学級のあり方を具体的に把握することができる。ま

た，子どものストレス状態や学級の特徴の把握は，いじめの前兆を読みとる手段にもなりえるため，未然防止の役割を果たすこともある。

3 いじめ問題とソーシャルスキルとの関連

1　いじめ問題と感情コントロールスキル

　いじめ行為は他者に対する攻撃的行動の1つであると考えられる。攻撃性とは，認知面，感情面，行動面を総称する概念であるが，この攻撃性に伴う主な感情は怒りである（小林・宮前，2007）。いじめの手口の中には「無視」「仲間はずし」など，いじめられる側に心理的苦痛を感じさせるものもあり，これも攻撃性の一種であると言える（小林，2003）。

　人とかかわる場面においては，程度の差こそあれ，誰しも怒りを感じることはあり，怒りの感情をもつことが悪いわけではない。怒りが攻撃性に結びつくのは，怒りの感情に適切に対処できなかったときである。逆を返せば，怒りを感じたとしても，適切に対処できれば攻撃的行動に至ることはないと言える。したがって，攻撃的行動そのものについては，許容できないという毅然とした態度を示したうえで，怒りの感情に焦点を当てて援助していく必要がある。

　いじめ行為も含めた攻撃性の問題は，怒りをはじめとする不快感情への対処方法として不適切なスキルを学習している，もしくは適切なスキルを未学習である問題と捉えることができる。よって，不快感情をコントロールするための適切なスキルを学習できるよう援助することが求められる。

　感情をコントロールするためには，まず，その感情を感じ，それが何であるかを自分自身で認知する必要がある。攻撃的な子どもの中には，自分の感情の動きを捉えられなかったり，不快な感情を表す言葉を未習得であったりすることも少なくない（奥野，2007）。そこで，周囲の大人が子どもの内的な状態と感情の認知を結びつけるために「感情の言語化」を行うことが有効である。たとえば，「イライラするね」「嫌だよね」などと，子どもが感じているであろう感情を受け止め，言葉にして伝えるのである。これにより，受け止めてもらった安心感を得られるとともに，自分の感情を表す言葉を習得できる。また，周囲の大人が子どもにどのような身体的変化（顔が熱くなる，ドキドキするなど）

が起こるのかを丁寧に確認し共有することによって，子ども自身が自分の状態を把握できるようになる。このようなかかわりにより，自分の感情を適切に認知できるようになり，「怒っている自分」に自発的に気づけるようになる。それにより，次第に「イライラする」「むかつく」などのように自分の言葉で感情を表現できるようになっていく。

　怒りの感情は，自分の願いや欲求が実現しない状態に陥ることで生じるものだと言える。したがって，怒りの感情の背後には，必ず願いや欲求があるものである。そこで，子ども自身が「○○したい」「△△してほしい」という自分の願いや欲求に気づけるように促す対応が求められる。このような丁寧な対応をつづけ，子どもが周囲の大人に受け止めてもらえる安心感を十分に得て，自分自身の本当の願いに気づいていくことにより，適切な表現の方法，具体的には言葉で相手に願いや要求を伝えるスキルなどを習得できるようになっていく。

　一方，恐怖や不安などが非常に強い状態にあるいじめ被害者にとっては，それらの感情を自分でコントロールすることが困難である。そのような状態では，新たなスキルの獲得や遂行を促すことは難しい。そのため，まずは周囲の大人が全面的に味方となり，安心できる環境と関係を提供することに努めることが必要であり，そのうえで感情コントロールを促す援助の流れは加害者と同様である。「怖かったね」「嫌だったね」などと感情の言語化を行い，子どもの気持ちに寄り添い，受け止めることが求められる。このようなかかわりにより，子ども自身が感情を語れるようになると，不快感情に圧倒されることは少なくなり，抵抗スキルなどのスキルトレーニングが可能となる（詳細は，本章のSST事例を参照）。

　以上のように，いじめ問題においても感情コントロールスキルの獲得は重要であり，いじめ問題の解決や未然防止に役立つ他のソーシャルスキル獲得のためにも不可欠となる。

2　コーピングスキルとしてのソーシャルスキル

　児童生徒の問題行動等に関する調査研究協力者会議（1996）の調査によれば，いじめ加害者の児童・生徒の気持ちとして，中学生は小学生と比較して「気持ちがスカッとした」「おもしろかった」「いい気味だと思った」「何とも思わな

った」が増加している。この結果を受けて，岡安・高山（2000）は，間接的ではあるが，自分自身のストレス症状を緩和するための反社会的な対処行動の1つとして，いじめを行っている可能性を示唆している。

　先述のように，いじめとストレスの関連については，これまでに多くの研究者が指摘するところである。いじめ加害者が，このストレスに対処するためにいじめという不適切な方法を用いているのであれば，それに代わる適切なストレスへの対処方法，つまり適切なコーピングスキルを獲得し，遂行できるようになればよいということになる。嶋田（1996）は学校ストレスモデル（ストレッサー→認知的評価→コーピング→ストレス反応）において，ソーシャルスキルはコーピングに最も大きな影響を与えると指摘している。

　飯田・石隈（2006）は，ストレスに対する積極的対処や周囲の人にサポートを求めるというコーピングには，進路決定スキルと同輩とのコミュニケーションスキルが必要であり，積極的対処はストレス反応を軽減することを示している。このことから，進路決定スキルと同輩とのコミュニケーションスキルに焦点を当てたスキルトレーニングは，コーピングを媒介してストレスを軽減することに役立つと考えられる。進路決定スキルには，意思決定スキルや問題解決スキルが含まれている。

　このように，ソーシャルスキルは，ストレスに対して適切に対処するためのコーピングスキルとしても大きな役割を果たす。

3　いじめ防止に役立つソーシャルスキル

　いじめは学級内で起こる問題であり，子どもたちの関係性の問題であることは繰り返し述べてきた。したがって，学級内の対人関係が良好であり，学校・学級が，子どもたちにとって心地よいものであれば，いじめの発生を防止することにつながる。集団生活の場では，人間関係は子どもたちにとっての大きなストレッサーとなりえる。しかし，戸ヶ崎・岡安・坂野（1997）が指摘するように，ソーシャルスキルが高ければ，ストレッサーを認知するレベルが低く，ストレス反応も低くすることが可能となる。江村・岡安（2003）は，ソーシャルスキルが低いレベルにある生徒は，高いレベルにある生徒よりも，すべてのストレッサーを経験する頻度が高いとしている。また，飯田・石隈（2006）は，

集団生活スキルが低いと，身体的反応や不機嫌・怒り反応としてストレス反応が表れることを示しており，不機嫌・怒りのストレス反応は，攻撃性へと結びつく可能性も考えられる。

佐藤ら（1988）は学級の仲間から実際に拒否されやすい子どもは，攻撃性の強い子どもと引っ込み思案な子どもであり，仲間との相互交渉に必要なソーシャルスキルに欠けていることを明らかにしている。これらの子どもたちは当然のことながら，いじめ問題の当事者になるリスクが大きい。戸ヶ崎・坂野（1997）は，友だちとの関係を積極的に発展させる「関係向上行動」と友だちに積極的にかかわろうとする「関係参加行動」のソーシャルスキルが学級内地位に強く関連していると指摘している。さらに，河村（2001）は，反社会的もしくは非社会的な傾向がある生徒は，自ら新しい人間関係を形成し深める「かかわりのスキル」と，友人の気分を害さないように配慮したり関係を維持する「配慮のスキル」の学習が不足しているか，アンバランスに使用していることを明らかにし，これらをバランスよく用いることの重要性を示唆している。

つぎに，いじめ問題の当事者となる加害者や被害者に焦点を当てて，ソーシャルスキルとの関連をみていくこととする。ボスワースら（Bosworth et al., 1999）は，中学生を対象に，いじめ行動と関連が深い要因を検討した結果，いじめ行動の程度と「暴力的でない方略を使う自信」が有意な負の関係にあることを明らかにしている。松尾（2002）は，いじめを行う子の中には，本来であればいじめという方法を取らなくても達成できる欲求（優越感を感じたい，ひまつぶしなど）について，ソーシャルスキルが不足しているためにいじめを行ってしまう子どもがいることを指摘している。このような場合には，社会的に認められるような適切なスキルを学習して，欲求を達成できるように援助することが求められる。一方で，いじめ被害を回避するため，さらに被害を受けた場合に適切な対処をするためのソーシャルスキルとしては，①自己提示スキル（視線，姿勢，表情など），②葛藤解決スキル，③主張スキル，④対人関係スキル（チームワーク，協同など）が有効であるとされている（Newman et al., 2000）。

もともと学級内の親しい関係の中で，無視・悪口などの関係性攻撃を用いるというような特徴のある日本のいじめにおいては，それを防止するためにはより複雑で高度なスキルを身につける必要がある（松尾, 2002）。このことは，当

事者以外の周囲の子どもたちのスキルを高める必要性があることも意味している。つまり、「傍観者」や「聴衆」の立場にある子どもたちが「仲裁者」となりえるスキルを習得することによって、いじめ問題の抑止力となり、学級内の問題解決力を高めることにもつながる。

これまでみてきたように、いじめ問題の防止という視点から考えても、日頃から子どもたちのソーシャルスキルを高めることは、非常に重要なことであると言える。

4　いじめ問題とソーシャルスキル教育

いじめ問題が起こった後に、その被害者および加害者を援助することは重要であるが、いじめ問題そのものを防止する積極的な対応をとっていくことも不可欠である。いじめ問題が発生する現場は、学校であり、学級である。しかし同時にこの問題に影響を与え、未然に防止することができる可能性をもつのも学校であり、学級である。河村（2007）は、いじめ問題は被害者と加害者の二者関係から考えるのではなく、その子どもたちが所属する学級集団を視野に入れて対応しなければならないとしている。これまで述べてきたように、当事者だけでなく、聴衆や傍観者が存在することによって成り立っているいじめの構造を考えれば、学校・学級単位でいじめ防止に取り組むことは効果的な方法であると言える。これまでにソーシャルスキル教育の実践は数多くなされてきており、プログラムの実施によってソーシャルスキルの向上、ストレス反応の軽減、学校適応感の上昇などの効果があることが確認されてきている（藤枝・相川, 2001；江村・岡安, 2003 など）。これらの効果は、いじめの予防にも役立つものと考えられる。

仲田（2009）は、いじめ予防の観点からのソーシャルスキル教育として以下の3つの段階を提案している。第1段階は人の気持ちを理解し、人を支える土壌を育む段階である。このような学級づくりはいじめ予防の大前提になると考えられる。この段階に相当するプログラムとしては「上手な聴き方（そうだねゲーム）」や「あたたかい言葉シャワー」などがあげられている（実践例については、小林・相川（1999）、小林・宮前（2007）を参照）。第2段階は、違いを

認め，受け容れること，学級の中で寛容さを育む段階である。自分とは異なる他者の存在を許し，認めることが目標となる。具体的には「いいとこさがし」などが該当する。第3段階は，加害者，被害者を取り巻く子どもたちがいじめの抑止力として動けるような学級づくりの段階である。トラブルに適切に対処できないために事態が悪化していく経験を重ねると，次第に自らトラブルを回避するようになる。すると，トラブル場面を経験する機会が減り，さらに問題解決の力が身につかなくなるという悪循環が生じやすくなる。この段階でのプログラムは「解決策がいっぱい」「上手に問題を解決する」などであり，これらにより問題解決スキルを育むことが期待できる。

　渡辺（2007）は，いじめ予防の観点から「感情」に焦点を当てたソーシャルスキル教育である S.S.GRIN-A（Social Skills Group Intervention for Adolescents）という青年期（13-16歳）を対象としたプログラムを紹介している。さらに，これを日本の社会的文脈に望ましい形に工夫し，日本になじむいじめ予防プログラムを実施している。このプログラムには，青年期に必要なターゲットスキルの設定，感情の流れやメタ認知に焦点を当てる，やる気を育てるポイントシステムの工夫などの特徴がある。具体的には，「自尊心を高める」「敬意を払う」というスキルを向上させることをねらいとする。青年期は劣等感や自己嫌悪が強まる時期と考えられるため，自己を肯定的に評価ができるように認知を変えていくことを目標に設定する。また，他者理解についても他者の存在を評価し，敬意を払うべき存在として受け止めるように促していく。これらを決して教え込むのではなく，子ども自身が気づきを得られるよう，ゲーム的な要素を取り入れて展開していく。さらに「感情」に焦点を当てるために，モノローグ型のモデリングを導入している。これにより，感情の流れを意識し，時間展望のなかで感情を捉えるといった認識を与え，感情をコントロールして適切な行動に結びつけるプロセスに気づかせることが可能となる。このソーシャルスキル教育（S.S.GRIN-A）を高校や中学校の全クラスに実施した実践においては，自尊感情尺度の「対人不安」「劣等感」，レジリエンス尺度の「関係志向性」が改善されるなどの効果が見出されている（渡辺・星，2009；小林・白井，2009など）。

　ここまで，いじめ予防の観点からソーシャルスキル教育について述べてきたが，いじめが起こったあとの援助としては，個別の対応が必要となる。ソーシ

ャルスキル教育の実践において，攻撃性や引っ込み思案に関しては明らかな改善が見出されなかったり（渡辺・山本, 2003），介入前に「友だちをおどかしたり，友だちにいばったりする」などの関係妨害行動や攻撃行動が高いレベルにある生徒は，集団ソーシャルスキルが必ずしも有効ではないことも指摘されている（江村・岡安, 2003）。このことから，妨害行動や攻撃行動などに対しては，集団でのソーシャルスキル教育だけではなく，問題行動に直接焦点を当てて介入することも必要だと考えられる（後藤ら, 2001）。

5 【実践紹介】グループ内でのいじめを受けた中学生へのSST

中学2年のA子は，仲良しグループからの仲間はずしを受け，不登校になり，教育相談センターの相談員の筆者のもとを訪れた。しかし，以前には，同じグループ内でいじめ加害側のメンバーであったとの話も伝えられていた。

A子は，「グループ全員から無視される」「聞こえよがしに悪口を言われる」「メールで攻撃を受ける」など，グループからの仲間はずしを受けた。このことで，耐えがたい苦痛を感じ，学校へ行けなくなってしまっていた。

A子は，母親との同席面接を希望した。口数は少なく，母親に依存し，自分に代わって母親が発言するのを催促するように，母親に終始視線を送っていた。母親はA子の言いなりになるタイプではなく，親身になり育ててきたとの印象を受けた。母親によれば，小学生の時には，引っ込み思案で集団で遊ぶことはなく，おとなしいタイプの友だちと1対1で遊ぶことが多かったとのことだった。

筆者は，まず，A子が心を開き，自らいじめられた辛さを語れるようにかかわった。具体的には，過去にはいじめ加害側であったことは触れずに，「辛かったね」「怖かったでしょう」「嫌だったよね」とA子がいじめられたことによって感じたであろう不快な感情を受け止めるようにした。また，「あなたはとても大切」とA子の全人格を肯定的に受けとめていることを言葉で伝え続けた。また，とけ合い動作法や，呼吸法のリラクセーションを毎回行った。A子は，3回程の面接を経て，母親の同席を求めなくなり，自分の気持ちを語れるようになった。

第11章　いじめ

　A子は，自分の苦痛を語るとともに，いじめ加害側の立場であった時のことに触れ，「いつかは自分がいじめられるという恐怖をもっていた」と語った。A子は，いじめのターゲットが自分から他のメンバーに移った時に，再び自分がいじめ加害側に引き込まれるのは嫌だが，拒否する自信がない，という思いをも筆者に語れるようになった。

　そこで，筆者は，A子との週1回の面接に加え，併設されている適応指導教室に通室することを進め，次の段階として，小グループでの対人スキルの向上を目指すことにした。

　A子の場合，いじめに加わりたくないことを相手に伝えるスキル，すなわち，「要求を相手に伝える」スキルを身につける必要があった。

　担任からの情報によれば，以前には攻撃行動があったとのことだが，それは反社会的な行動というよりは，むしろ，グループ内での過度の不安や緊張，および，小学校の時の，ソーシャルスキルの獲得と遂行の不足から，グループ内の他者の行動をモデルとした遂行の誤学習の問題であったと理解できた。

　適応指導教室での小集団では，「自分も良い，友だちも良い」対人スキルを目標とし，日常的な場面をとりあげた。学習場面では，疑問点について，高学年のメンバーに「これが分からないから，やり方を教えて」とたずねる。「一緒に帰ろう」と友だちを誘う，遊びに誘われた時に「ダメなの。ごめんね。誘ってくれてありがとう。また誘ってね」と断るスキルなどを練習した。また，校外学習や，お楽しみ会などイベントの時には，司会や「はじめの言葉」などの係をする場面を設定した。A子の場合，スキルを習得する力が十分にあるので，社会的に通用するスキルに修正するのに時間はかからなかった。しかし，適応指導教室の守られる場で，安心できるメンバーでスキルを遂行できても，学校へ復帰してから般化できるとは限らない。そこで，面接時には，抵抗スキルを含めたトレーニングを行った。

①嫌なことを誘われた時には，体調が悪いふりをして保健室に行って養護教諭に話す。
②相手の足もとを見つめ，膝，腿，腹部，胸，首，口元まで，できるだけゆっくりと視線を上げてゆく。その時，表情は変えずに無表情で行う。
　次に，ゆっくり，視線を下げてゆく。このことで，全身で怒りを表現する。

②については，筆者以外の相談員，適応指導教室の指導員にも協力を得て，リハーサルを繰り返した。

　そして，学校復帰に際しては，A子が在籍する中学校との情報交換は継続的に行った。とくに，抵抗スキルについては，周りの生徒や教師の誤解を招かないように手伝ってほしいと協力を求めた。幸いにもA子が不登校になったことをきっかけに，グループ内でのいじめは沈静化したとのことであった。

　その後，年度替わりをきっかけに，A子は学校復帰し，抵抗スキルを遂行する必要もなく，親しい友だちと楽しく過ごしているとの報告を得ることができた。A子は，「これからも抵抗スキルを使うことはないと思うが，これを練習したことで，自信がついた」と語って，相談は終結となった。

文　　献

Bosworth, K., Espelage, D. L., & Simon, T. R.（1999）. Factors associated with bullying behavior in middle school students. *Journal of Early Adolescence*, **19**, 341-362.
江村理奈・岡安孝弘（2003）．中学生における集団社会的スキル教育の実践研究　教育心理学研究, **51**, 339-350.
藤枝静暁・相川　充（2001）．小学校における学級単位の社会的スキル訓練の効果に関する実験的検討　教育心理学研究, **49**, 371-381.
後藤吉道・佐藤正二・高山　巖（2001）．児童に対する集団社会的スキル訓練の効果　カウンセリング研究, **34**, 127-135.
飯田順子・石隈利紀（2006）．中学生の学校生活スキルと学校ストレスとの関連　カウンセリング研究, **39**, 132-142.
伊藤亜矢子（2007）．いじめの予防―いじめを生む学級風土とピア・サポート　臨床心理学, **40**, 483-487.
伊藤亜矢子・松井　仁（2001）．学級風土質問紙の作成　教育心理学研究, **49**, 449-457.
児童生徒の問題行動等に関する調査研究協力者会議［編］（1996）．児童生徒のいじめ等に関するアンケート調査結果　文部省初等中等教育局
菅野　純（1995）．教師のためのカウンセリングゼミナール　実務教育出版
河村茂雄（1999）．楽しい学校生活を送るためのアンケート「Q-U」実施・解釈ハンドブック　図書文化社
河村茂雄（2001）．ソーシャル・スキルに問題がみられる生徒の検討　岩手大学教育学部研究年報, **61**, 77-88.
河村茂雄（2007）．データが語る①　学校の課題　図書文化
小林正幸（2003）．子どもの攻撃性と問題行動　菅野　純［編］学校をとりまく問題と教育14 学級崩壊と逸脱行動　開隆堂　pp.83-97.

小林正幸・相川　充［編］(1999)．ソーシャルスキル教育で子どもが変わる　小学校　図書文化
小林正幸・宮前義和［編］(2007)．子どもの対人スキルサポートガイド―感情表現を豊かにするSST　金剛出版
小林朋子・白井孝明(2009)．　中学生全クラスを対象としたソーシャルスキル・トレーニング（SST）の実践　戸田有一・渡辺弥生（企画者）　日本になじむ，いじめ防止プログラム（2）―生徒，教師，大学生，研究者の連携―（自主シンポジウム）日本教育心理学会第51回大会総会発表論文集, S58-S59.
松尾直博　(2002)．学校における暴力　いじめ防止プログラムの動向―学校・学級単位での取り組み　教育心理学研究, **50**, 487-499.
文部科学省（2009）．平成20年度「児童生徒の問題行動等生徒指導上の諸問題に関する調査」について
森田洋司［監修］(2001)．いじめの国際比較研究―日本・イギリス・オランダ・ノルウェーの調査分析　金子書房
森田洋司・清水賢二（1994）．新訂版 いじめ―教室の病　金子書房
仲田洋子（2007）．ソーシャルスキル教育をいじめ予防に生かす　児童心理, **903**, 78-84.
Newman, D. A., Horne, A. M., & Bartolomucci, C. L. (2000). *Bully busters : A teacher's manual for helping bullies, victims, and bystanders.* Champaign, IL : Research Press.
岡安孝弘・嶋田洋徳・坂野雄二（1992）．中学生用ストレス反応尺度の作成の試み　早稲田大学人間科学教育, **5**, 23-29.
岡安孝弘・嶋田洋徳・坂野雄二（1993）．中学生の学校ストレッサーの測定法に関する一考察　ストレス科学研究, **8**, 13-23.
岡安孝弘・高山　巖（2000）．中学校におけるいじめ被害者および加害者の心理的ストレス　教育心理学研究, **48**, 410-421.
奥野誠一（2007）．子どもの攻撃性と感情表出―キレやすい子どもの理解と対応　心と社会, **127**, 16-20.
佐藤正二・佐藤容子・高山　巖（1988）．拒否される子どもの社会的スキル　行動療法研究, **13**, 126-133.
嶋田洋徳（1996）．児童生徒の心理的ストレスと学校不適応に関する研究　早稲田大学大学院人間科学研究科平成7年度博士論文
滝　充（1996）．「いじめ」を育てる学級特性―学校がつくる子どものストレス　明治図書
戸ヶ崎泰子・岡安孝弘・坂野雄二（1997）．中学生の社会的スキルと学校ストレスとの関係　健康心理学研究, **10**, 23-32.
戸ヶ崎泰子・坂野雄二（1997）．母親の養育態度が小学生の社会的スキルと学校適応におよぼす影響　教育心理学研究, **45**, 173-182.
渡辺弥生（2007）．第1章ソーシャルスキル教育とは　渡辺弥生・小林朋子［編］　10代を育てるソーシャルスキル教育　北樹出版　pp.10-30.
渡辺弥生・星雄一郎（2009）．高校全体に導入したソーシャルスキル教育　戸田有一・渡辺弥生［企画者］　日本になじむ，いじめ防止プログラム（2）―生徒，教師，大学生，研究者の連携（自主シンポジウム）日本教育心理学会第51回大会総会発表論文集，

S58-S59.

渡辺弥生・山本弘一 (2003). 中学生における社会的スキルおよび自尊心に及ぼすソーシャルスキルトレーニングの効果—中学校および適応指導教室での実践　カウンセリング研究, **36**, 195-205.

コラム：感情の適切な扱い方

副島賢和

「子どもが大泣きしたらどうしたらいいのですか……他の子たちもいるし……その子だけにずっとかかわっていられないし…」

「どうしたらキレて暴れている子を落ち着かせることができますか？タイムアウトって言われるけど……難しいです……」

はたして，子どもたちにとっていわゆる「問題行動」はあるのでしょうか。困った行動だ，問題の行動だと考えているのは周りの人間です。子どもにとっては「困っているからの行動」「やってしまった結果困ってしまう行動」なのではないでしょうか。その行動は「問題を教えてくれている行動」であるという見方を私たちがもつことで，それだけで対応や予防（未然防止）の方法が変わってきます。

子どもたちを見るときに，「行動」「認知」「感情」の3つの視点を総合的にみる必要があると考えます。「なにをしたのか（＝行動）」「どう考えたのか（＝認知）」ということはよく問われます。あわせて「どんなことを感じたのか（＝感情）」ということもしっかりみていく必要があります。

今の学校や社会では，「行動」や「認知」についてはよく振り返ることをしますが，「感情」とくに，悲しみや怒りなどの「不快な（ネガティブな）感情」については，大切に取り扱ってもらえる機会が少ないように思います。しかし，子どもたちの（おとなもですが）不適応行動といわれることのベースには，この「感情」の扱いが大きく作用しているように思えてなりません。

ソーシャルスキルを身につけたり，身につけたソーシャルスキルを遂行したりするためには，「感情のコントロール」がとても重要になってきます。気持ちが落ち着かず，大泣きをしたり，怒ったりしている子どもに，不安や恐怖の中で苦しんでいる子どもに，いくらソーシャルスキルの大切さを説いたり，遂行を促したりしてもうまくはいかないでしょう。

本書の編者である小林正幸先生からお聞きした「子どもの感情の三つの扱い方」を保護者会などでよくお伝えします。

①キレる子を育てるには，力で子どもの不快な感情を抑え込むとよい。

②自己中心的なわがままな子を育てるには，子どもの先回りをして不快な感情を味わわせないようにするとよい。

③無気力な子を育てるには，子どもの不快な感情の表出があったときに無

視をして扱わないようにするとよい。

　この3つはどれも，子どもの不快な感情をしっかりと受け止めるかかわりをしない方法です。「泣くな！」「怒るな！」と言って子どもの感情を無きものにすれば，身体の中にそのエネルギーはたまる一方です。いつか爆発するのは当然と言えるでしょう。子どもが不快な感情を味わう前に手を打って味わわせないようにすれば，自分の中に怒りや悲しみが湧き上がってきたときに，どのように対処してよいのかわかるはずなどないでしょう。いくら子どもが訴えてきても受け取ってあげなければ，子どもが欲していることとちがった受け取り方をすれば，もっともっと激しい訴えをするか，だんだん訴えることをやめるかになっていくでしょう。

　これらのかかわりはどれも，子ども自身が自分の中に湧き上がってきた不快な感情を理解し，その対処法を学ぶ機会を奪っているのです。

　どうして，周囲はそのようなかかわりをしてしまうのでしょうか。

　それは，不快な感情を受け止めるには，受け止める側にも大きなエネルギーが必要だからではないでしょうか。やはり，子どもが不快な（ネガティブな）感情を表出し，私たちにぶつけてくると私たち自身の心が大きく揺さぶられます。直接受け取ると自分自身が傷ついてしまうこともあります。

　そこで私は，「怒り」は「願い」であると受け取ります。この子の怒りは，相手にどんなことを変わってほしいのだろうという「願い」であると受け取るようにしています。また，「悲しみ」をぶつけられたときは，自分の苦しみをわかってほしいという「訴え」だと受け取ります。「恐怖や不安」を出してもらったときは，今すぐ取り除いてほしいことがあるという「訴え」であると受け取ります。もちろん「喜び」を伝えられた時は，一緒に分かち合ってほしいと捉え，何倍にもして返すようにしています。

　泣きやまない子やキレて暴れる子がいると，その子の感情にしっかりと寄り添うことは本当に難しいことだと思います。そんなとき私がお腹の中に置いていることがあります。「Doing の前に Being」です。学校はできることやわかること［Doing］が大切にされる場です。それらのことはもちろん大切です。できた喜びやわかった嬉しさを子どもたちがもてるように日々考えています。しかしその前に，「あなたはあなたのままでいてもよい」「あなたがそこにいることはとても素敵なことなのです」という［Being］があるということを私自身がしっかりともち，子どもの傍らにどっしりと腰を下ろすことで，そのことを伝えるかかわりをしたいと思うのです。

事項索引

A-Z
ABC シェマ　103
ADHD　83, 87
ADHD-RS　92
ART　106
ASD　87, 113
AUC-GS 学習モデル　73
CBCL　91
CHC 理論　44
coping skills　24
DN-CAS 認知評価システム　44
DSM-Ⅳ-TR　113
EMDR　115
IES-R　118
K-ABC 心理・教育アセスメントバッテリー　43
LDI　92
PARS　92
PASS 理論　44
PHEECS　107
PTSD　113
S.S.GRIN-A　155
SSE（Social Skills Education）　13
SST（Social Skills Training）　12
TRF　45, 91
T 得点　46
WISC-Ⅳ 知能検査　40

あ行
アサーショントレーニング　7
アスペルガー障害　39
アスペルガー症候群　83
アセスメント　6, 31, 60
　──の限界　34
アセスメントバッテリー　47
荒れ始め型学級　148
アンガーマネージメント　23
　──・プログラム　106
安心できる環境と関係　151
安全感　117
　──・安心感の確保　123
医学モデル　74
維持・強化要因　32
いじめ　145
　──に対する判断　148
　──の早期発見　149
　──防止　152
一次的援助　3, 20
一次的予防　20
異文化間ソーシャルスキル学習　73
インストラクション　13, 60
インターベンション　6
ヴァインランド適応行動尺度　47
ヴァインランド又は旭出式社会適応スキル検査　46
ウェクスラー式知能検査　40
援助活動　3
オペラント条件づけ　13

か行
外顕的攻撃　101
外傷後ストレス障害　113
改訂出来事インパクト尺度　118
外的行動　45
回避　116
回復的接近　120
改変　73
カウンセリング　3
　──心理学　6
加害者　145
　──のストレス　147
過覚醒　116
学生相談　5
獲得欠如　97
確認型の研究　69
過剰適応　84
学級
　──活動　19

163

——のあり方　147
　　——の雰囲気　147
　　——風土質問紙　149
　　——満足度尺度　148
学校
　　——カウンセリング　3
　　——教育相談　4
　　——恐怖症　130
　　——心理学　6
　　——ストレスモデル　152
　　——の病　130
葛藤解決スキル　153
感覚異常　83
環境への再適応　24
関係性攻撃　101
　　——の被害経験　147
関係性の問題　147
観衆　145
感情コントロール　12, 97
　　——スキル　15, 150
　　——の課題　133, 137
　　——の問題　15
　　——不全　97
　　——を身につけていないタイプ　137
感情の言語化　150
感情を抑制されてきたタイプ　137
管理型学級　148
機会利用型SST　13
期待型の研究　69
期待効果　64
基本的かかわりスキル　12
急性ストレス障害　113
教育
　　——カウンセリング　4
　　——相談　4
　　——モデル　75
　　——臨床モデル　74
境界域　46
境界知能　84
共感スキル　12
凝集性　148
協調運動障害　83
組み合わせ　73
継次処理　44

　　——尺度　43
言語的教示　13
言語理解（VC）　40
現存する問題発生に関わる要素の改善　70
限定　73
効果の測定　65
高機能自閉症　39, 83
攻撃　99
　　——性　99, 150
　　——のアセスメント　102
攻撃置換訓練　106
行動間多層ベースラインデザイン　65
行動調整能力　90
コーチング法　13
コーピングスキル　24, 133, 151, 152
誤学習　21
心の理論　83
個とプライバシーを大事にする文化
　　（privatization）　20
子どもの行動チェックリスト　91
子どものストレス反応調査　118
子ども版解離評価表　118
子ども用トラウマ症状チェックリスト　119
個別支援シート　138

さ行

最終確認型　70
再登校の準備段階　139
サブトレーナー　59
自記式能動的攻撃性尺度　104
自記式反応的攻撃性尺度　104
自己コントロール
　　——の遂行の欠如　98
　　——のスキルの欠如　98
　　——の問題　98
自己提示スキル　153
実態把握表　92
社会性の問題　8
社会的キュー　87
社会的遂行の欠如　98
社会的認知能力　90
社会的望ましさ　64
社会で必要となるスキル　24
尺度

事項索引

ヴァインランド適応行動—— 47
改訂出来事インパクト—— 118
学級満足度—— 148
継次処理—— 43
自記式能動的攻撃性—— 104
自記式反応的攻撃性—— 104
習得度—— 43
適応行動—— 47
同時処理—— 43
認知処理過程—— 43
発達障害のためのソーシャルスキル—— 91
　　非言語—— 44
社交性　132
修正的接近　120
集団 SST　58
集団不適応　22
習得度尺度　43
主張行動スキル　12
主張スキル　153
ジョイントアテンション　83
障害特性　86
　　——に応じた指導　91
小学生 P-R 攻撃性質問紙　104
小学生用 HAQ-C　104
情動喚起反応　98
情報処理特性　87
処理速度（PS）　40
シングルフォーカス　83
神経心理学理論　44
心身の安全感・安心感　119
診断・対応のための ADHD 評価スケール　ADHD-RS　46
侵入的再体験　116
新版 S-M 社会生活能力検査　46, 47
身辺自立　90
進路決定スキル　152
遂行課程　7
遂行の欠如　97
スキル
　　——教育研究の課題　76
　　葛藤解決——　153
　　感情コントロール——　15, 150
　　基本的かかわり——　12

共感—— 12
コーピング—— 24, 133, 151, 152
　　社会で必要となる——　24
　　主張行動——　12
　　主張——　153
　　進路決定——　152
　　ソーシャル——　11, 19
　　ターゲット——　60
　　対人関係——　153
　　抵抗——　23, 151
　　同輩とのコミュニケーション——　152
　　仲間関係維持・発展——　12
　　認知的——　14
　　問題解決——　12
スキルの効果
　　間接効果　71
　　相乗効果　71
　　直接効果　71
スクールカウンセリング　5
ストラテジー　6
ストレス　147
生活技能　90
生活空間の拡大　136
生活年齢　43
正規分布　41
正常域　46
精神年齢　43
生徒指導　19
潜在的能力の拡大，望ましいとされる状態の増幅　70
早期発見　149
　　——・早期対応　20, 22
ソーシャル・サポート　132
ソーシャルスキル　11, 19
　　——教育　8, 21, 57, 132, 154
　　——教育研究の課題　68
　　——自体の獲得や向上や維持　70
　　——特性図 SSCF　66
　　——トレーニング　7, 57
　　——の学習　35
　　——の学習原理　13
　　——の欠如　98
　　——の欠如の問題　134
　　——の産出モデル　87

165

——の遂行困難　36
　　——の遂行の問題　135
　測定する変数の差　75

た行

　ターゲットスキル　60
　　——の選定　65
　怠学　130
　対人関係スキル　153
　対人スキルの苦手さ　139
　耐性　132
　　——欠如　133
　田中ビネー知能検査Ⅴ　42
　知覚推理（PR）　40
　知的機能に遅れのない自閉症スペクトラム障
　　害　83
　知的障害　84
　知的水準の問題　84
　知能・認知機能検査　40
　注意　44
　注意欠陥多動性障害　39
　中学生用 HAQ-S　104
　仲裁者　146
　長期欠席　129
　長期的予後を見据えた指導・支援　90
　抵抗スキル　23, 151
　ディスクレパンシー　41
　定着化　63
　適応
　　——機能　46
　　——行動尺度　47
　適用の問題　68
　登校拒否　130
　同時処理　44
　　——尺度　43
　道徳の時間　19
　同輩とのコミュニケーションスキル　152
　特定手法の影響力の
　　——関連性　71
　　——現場性　71
　　　多要因　71
　　——統合性・総合性　72
　　——変動性　71
　特別活動　19

　特別支援教育　83
　途中確認型　70
　トラウマ　113
　　——記憶　121
　　——焦点化認知行動療法　120
　　——体験　122
　　——体験の再現傾向　117
　トレーナー　59

な行

　内向行動　45
　内容の問題　68
　仲間関係維持・発展スキル　12
　なれあい型学級　148
　二次障害　39
　二次的援助　3, 20
　二次的な問題　146
　二次の予防　20
　日本語版 CBCL/4-18 質問紙　45
　認知行動療法　120
　認知処理過程尺度　43
　認知的スキル　14
　認知的な柔軟性　83
　能動的攻撃　100

は行

　排他性　148
　発達障害　39, 83, 87
　　——のためのソーシャルスキル尺度　91
　反社会的行動の問題　12
　反応的攻撃　100
　被害者　145
　ひきこもり　139
　非言語尺度　44
　非社会性　134
　非社会的　133
　非社会的行動の問題　12
　引っ込み思案　153
　否定的な認知　35
　フィークス（PHEECS）　107
　フィードバック　13, 61
　フォローアップ　31
　複雑系からの結果的な出力　71
　不登校　21, 129

——の維持・悪化のメカニズム　132
　　——のきっかけ　130
　　——の形成要因　130
　　——未然防止　131
プランニング　44
プリ・アセスメント　31
プログラムの内容　60
プロフィール　40
分担 - 連携 - 融合　73
変化を把握する方法の差　75
妨害要因　36
傍観者　145
暴力的欲求　148
ポスト・アセスメント　31

ま行

満足型学級　148
未学習　21
未然防止　20, 21, 149
モデリング　13, 61
　　——学習理論　7
モノローグ型のモデリング　155
問題解決スキル　12

問題性自体の解決や低減や回避　70
問題性レベルの差　75
問題の維持や発生に関連する肯定的・否定的
　　要素の増減　70
問題の形成要因　32
問題の早期発見，早期援助　3
問題の未然防止　3

や行

予防理論　20
四層構造　145

ら行

リハーサル　13, 61
リミット・テスティング　117
リレーション　6
臨床域　46
臨床社会心理学　72

わ行

ワーキングメモリー（WM）　40
わがままで情緒不安定なタイプ　137

人名索引

A

Anastopoulos, A. D.　46
Anshel, K. M.　83, 84
Asukai, N.　118

B

Barefoot, J. D.　100
Berkowitz, L.　101
Birleson, P.　67
Boivin, M.　101
Bridewell, W. B.　100
Briere, J.　119
Broadwin, I. T.　130

C

Chang, E. C.　100
Coie, J. D.　100, 102
Conners, C. K.　84

D

Das, J. P.　44
DuPaul, G. J.　46

E

Eaken, G. J.　105
Elliott, S. N.　105

F

Foa, E. B. 120
Franagan, D. P. 40

G

Goldstein, A. P. 106
Grotpeter, J. K. 102

H

Heyes, D. S. 100
Huberty, T. J. 105

J

Jett, J. L. 84
Johnson, A. M. 130
Jolles, I. 104

K

Kaufman, N. L. 43
King, C. A. 13, 35
Kirschenbaum, D. S. 13, 35
Kovacs, M. 67

M

McIntosh, R. 83
Merrill, M. A. 42
Mize, A. 15

N

Naglieri, J. A. 44
Newman, D. A. 153

P

Pepler, D. J. 106
Poulin, F. 101
Power, T. J. 46
Pulkkinen, L. 101

R

Reid, R. 46
Remer, R. 83, 84
Rescorla, L. A. 45

S

Simon, T. 42
Spencer-Rowe, J. 83
Spigelman, G. 104

V

Vaughn, S. 83
Vitaro, F. 101

ア行

アッシェンバッハ（Achenbach, T. M.） 45
相川　充　3, 11, 12, 21, 36, 37, 58-60, 64-69, 87, 154
安達　潤　92

飯田順子　59, 66, 152
石川芳子　65
石隈利紀　7, 32, 59, 67, 152
磯部美良　102
井潤知美　45, 91
市川宏伸　46
伊藤亜矢子　149
井上雅彦　92
尹　熙奉　103

ウェクスラー（Wechsler, D.）40
ウォルピ（Walpe, J.）57
上野一彦　40, 91-92
上野徳美　72
上山雅久　92
内山登紀夫　92
梅津亜希子　92

エリス（Ellis, A.）103
江村理奈　58-60, 64-67, 152, 154, 156

オルウェーズ（Olweus, D.）99
大河原美以　32
大竹恵子　100, 104
大野　久　97
岡崎慎治　44
岡田愛香　91
岡田　智　83, 89-92

岡安孝弘　59, 60, 64, 65, 67, 131, 147, 149, 152, 154, 156
奥野誠一　12, 13, 15, 121, 150
小田信夫　40
小貫　悟　14
小野寺正己　64
小野昌彦　135, 136
尾花真梨子　104

カ行
カウフマン（Kaufman, A. S.）　40, 43
片岡美菜子　104
金山元春　12, 58, 60, 64, 65, 67, 100
神尾陽子　92
上林靖子　91
河村茂雄　64, 148, 149, 153, 154
菅野　純　149

キャプラン（Caplan, G.）　20
北　道子　91

クリック（Crick, N. R.）　102
グレシャム（Gresham, F. M.）　12, 15, 97, 98, 105
倉本英彦　91
栗田　広　92
久留一郎　122

コーエン（Cohen, J. A.）　120
コルク（van der Kolk, B. A.）　113, 120, 123
小泉令三　67
國分康孝　3, 6
後藤吉道　65-67, 156
小林朋子　155
小林正幸　3, 7, 11, 12, 15, 21-24, 32, 37, 58, 65, 104, 115, 130, 132, 133, 136-139, 150, 154, 155
近藤千加子　122

サ行
斉藤文夫　104
齊藤万比古　23
坂井明子　100, 104

坂野雄二　152, 153
坂本　律　46
櫻井良子　102
佐々木和義　13
佐藤正二　12, 13, 57, 58, 99, 100, 102, 103, 153
佐藤　寛　67
佐藤容子　12
嶋田洋徳　67, 104, 131, 132, 152
清水賢二　145
下山晴彦　32
庄司一子　37
白井孝明　155

スタラード（Stallard, P.）　32
杉山登志郎　87
鈴木聡志　37
鈴木常元　122

タ行
ターマン（Terman, L. M.）　42
高下洋之　135
篁　倫子　92
多賀谷智子　13
高山　巖　147, 149, 152
滝　充　145, 147
田中寛一　42
田中共子　72-74
田中康雄　46

塚本貴文　99, 100

テア（Terr, L. C.）　113, 115
手塚光喜　91

ドッジ（Dodge, K. A.）　87, 100-102
戸ヶ崎泰子　37, 67, 132, 152, 153

ナ行
中島聡美　120, 123
中島美奈子　73, 74
仲田洋子　154
中田洋二郎　91

中山　健　　44
夏野良司　　136
名取宏美　　91
西澤　哲　　116, 117, 119-121, 123
西田恵里子　122

沼　初枝　　32

根岸敬矢　　91

ハ行
ハーマン（Herman, J. L.）　113, 120, 123
バンデューラ（Bandura, A.）　7, 57, 97, 101
橋本創一　　3
秦　一士　　99
濱口佳和　　99, 104
早川恵子　　21, 132-134, 138

ビネー（Binet, A.）　42
広田信一　　103

藤井浩子　　91
藤枝静暁　　59, 60, 64-67, 154
藤田和弘　　40, 44
藤森和美　　115

ボスワース（Bosworth, K.）　153
星　雄一郎　155
本田恵子　　106
本田真大　　65-67

マ行
前川久男　　44
前田健一　　104
松井　仁　　149

松尾直樹　　3
松尾直博　　147, 153
松永邦裕　　121
松原達哉　　42, 43

三浦勝夫　　90, 91
三木安正　　47
水野　薫　　89
南川華奈　　37, 66
宮下一博　　97
宮前義和　　23, 37, 65, 137, 150, 154

村上千恵子　32
村上宣寛　　32

森田洋司　　145, 146

ヤ行
栁田多美　　119
山崎勝之　　100, 103-105, 107
山本弘一　　65, 67, 156
山本知加　　119

幸　美砂子　136
行廣隆次　　92

ラ行
ラッド（Ladd, G. W.）　15

ルリア（Luria, A. R.）　44

ワ行
若杉大輔　　67
鷲見たえ子　130
渡辺弥生　　65, 67, 155, 156

執筆者紹介（*は編者）

小林正幸*（こばやし まさゆき）
東京学芸大学教育実践研究支援センター教授　担当：第1章，第3章，第10章第1-6節

奥野誠一*（おくの せいいち）
山形大学地域教育文化学部准教授　担当第2章，第4章，第8章第5節，第9章，第10章第7節

染木史緒（そめき ふみお）
浜松医科大学子どものこころの発達研究センター 特任助教　担当：第5章

霜村　麦（しもむら むぎ）
メンタルクリニックあんどう　担当：第6章第1節

田中共子（たなか ともこ）
岡山大学大学院社会文化科学研究科教授　担当：第6章第2節

南川華奈（みなみかわ かな）
こども教育支援財団　担当：第6章第1,3節

岡田　智（おかだ さとし）
共立女子大学家政学部 専任講師・ながやまメンタルクリニック臨床心理士　担当：第7章

尾花真梨子（おばな まりこ）
筑波大学大学院人間総合科学研究科3年制博士課程大学院生　担当：第8章第1-4節

齊藤真沙美（さいとう まさみ）
世田谷区教育相談室心理教育相談員　担当：第11章第1-4節

早川惠子（はやかわ けいこ）
跡見学園中高カウンセラー・都留文科大学講師　担当：第11章第5節

副島賢和（そえじま まさかず）
品川区立清水台小学校教諭昭和大学病院内さいかち学級担任　担当：コラム

ソーシャルスキルの視点から見た学校カウンセリング

2011 年 9 月 30 日　初版第 1 刷発行	（定価はカヴァーに表示してあります）

　　　　　　　　編　者　小林正幸
　　　　　　　　　　　　奥野誠一
　　　　　　　　発行者　中西健夫
　　　　　　　　発行所　株式会社ナカニシヤ出版
　　　　　〒606-8161　京都市左京区一乗寺木ノ本町 15 番地
　　　　　　　　　　　　　　Telephone　075-723-0111
　　　　　　　　　　　　　　Facsimile　075-723-0095
　　　　　　　　　Website　http://www.nakanishiya.co.jp/
　　　　　　　　　E-mail　iihon-ippai@nakanishiya.co.jp
　　　　　　　　　　　　郵便振替　01030-0-13128

装丁＝白沢　正／印刷・製本＝ファインワークス
Copyright © 2011 by M. Kobayashi & S. Okuno
Printed in Japan.
ISBN978-4-7795-0488-4

本書のコピー、スキャン、デジタル化等の無断複製は著作権法上の例外を除き禁じられています。本書を代行業者の第三者に依頼してスキャンやデジタル化することはたとえ個人や家庭内の利用であっても著作権法上認められていません。